O NOVO
CÓDIGO DA
CULTURA

CARO(A) LEITOR(A),
Queremos saber sua opinião sobre nossos livros.
Após a leitura, siga-nos no **linkedin.com/company/editora-gente**,
no TikTok **@editoragente** e no Instagram **@editoragente** e
visite-nos no site **www.editoragente.com.br**.
Cadastre-se e contribua com sugestões, críticas ou elogios.
Boa leitura!

SANDRO MAGALDI | JOSÉ SALIBI NETO

O NOVO CÓDIGO DA CULTURA

VIDA OU MORTE NA ERA EXPONENCIAL

Diretora
Rosely Boschini

Gerente Editorial
Rosângela de Araujo Pinheiro Barbosa

Assistente Editorial
Audrya de Oliveira

Controle de Produção
Fábio Esteves

Preparação
Vero Verbo Serviços Editoriais

Projeto Gráfico e Diagramação
Join Bureau

Revisão
Olivia Tavares

Capa e Ilustrações de Miolo
Sérgio Rossi

Impressão
Bartira

Copyright © 2018, 2019 by Sandro Magaldi e José Salibi Neto

Todos os direitos desta edição são reservados à Editora Gente.
R. Dep. Lacerda Franco, 300 – Pinheiros
São Paulo, SP – CEP 05418-000
Telefone: (11) 3670-2500
Site: www.editoragente.com.br
E-mail: gente@editoragente.com.br

Dados Internacionais de Catalogação na Publicação (CIP)
Angélica Ilacqua CRB-8/7057

Magaldi, Sandro
    O novo código da cultura : vida ou morte na era exponencial / Sandro Magaldi e José Salibi Neto. – São Paulo: Editora Gente, 2019.

    Bibliografia
    ISBN 978-85-452-0329-2

    1. Cultura organizacional   2. Comportamento organizacional   3. Administração de empresas   4. Negócios   I. Título   II. Salibi Neto, José

18-1779   CDD 659.402

Índices para catálogo sistemático:
1. Cultura organizacional

Dedico esta obra a todos aqueles que acompanham meu projeto pessoal de perto e me encorajam a seguir adiante, diariamente, com suas mensagens de apoio e carinho.

Sandro

Dedico esta obra ao meu amigo,
André Nassar, que enxergou em mim uma
qualidade que nem eu imaginava.

Salibi

Sumário

Introdução Muito além da mesa de pebolim   9

Capítulo 1 Desvendando o significado de cultura organizacional e suas nuances   31

Capítulo 2 Os tipos de cultura organizacional   47

    O ranking dos estilos de cultura nas organizações atuais   55

Capítulo 3 As bases de uma cultura alinhada com nosso tempo   65

    Como garantir a força da cultura organizacional de aprendizado em uma expansão acelerada   76

    O *growth mindset*   83

    Customer centricity: o conceito fundamental para uma cultura bem-sucedida   86

    Temos, então, os elementos da cultura alinhados ao mundo em transformação   93

Capítulo 4 O caminho para o processo de transformação cultural   99

    As quatro perspectivas para a mudança cultural   118

    O papel dos princípios organizacionais na transformação de uma cultura   122

    Como a Amazon e a Netflix adotam a declaração de princípios para fortalecer sua cultura   128

    As armadilhas dos "10 Princípios da Ab Inbev"   135

Capítulo 5 **A transição rumo ao novo modelo** 143
  A transição de culturas 146
  Cadência e consistência 150
  Pessoas certas no lugar certo 152
  Um ambiente que estimule o aprendizado 157
  O tempo 159
  Os sistemas de recompensa e reconhecimento 160
  A comunicação 162

Capítulo 6 **O papel do CEO como guardião do processo de transformação cultura** 169

Capítulo 7 **O caso de transformação cultural da Microsoft: uma obra em andamento** 183
  A evolução da cultura da Microsoft 189
  O resgate da alma da Microsoft 191
  A nova cultura da Microsoft 193
  A fase da transição e o papel do CEO 198
  Quando esse projeto estará concluído? 201

Capítulo 8 **A jornada da transformação nunca tem fim** 203
  A transformação cultural da IBM 206
  E a IBM voltou atrás... 209
  O processo de transformação cultural nunca acaba 212

Conclusão **A jornada para uma nova caminhada** 215

Bibliografia **222**

Após a leitura de *Gestão do amanhã*, não são raros os testemunhos de leitores que perderam – literalmente – o sono. Instigados e provocados pelas reflexões geradas pela obra, a principal questão que se coloca é: "Como começo a transformação em meu negócio?".

Se há algum tempo o imperativo da transformação era um ideal a ser atingido, atualmente, há a convicção da necessidade de seguir esse caminho como o principal vetor de evolução da corporação sob o risco de a organização e seus líderes caírem na temida vala da irrelevância e do obscurantismo.

A ruptura causada pelo avanço tecnológico é tão brutal que explodem diariamente estudos prevendo um cenário em que cerca de 40% dos negócios que hoje povoam o ambiente empresarial não estarão mais entre nós em apenas dez anos.

A realidade que já se consolida como tal e que não sai da mente dos líderes interessados na longevidade de seus projetos é que o modo de gerenciar negócios hoje é totalmente diferente do que será no amanhã.

Essa convicção é forjada não somente ao se depararem com ameaças inéditas à frente de suas corporações, mas também ao observarem a bancarrota de empresas míticas do passado.

Em outubro de 2018, o mercado corporativo, sobretudo o setor de varejo, recebeu uma notícia que, por mais que todos já tivessem a percepção de que aconteceria, teve um impacto terrível perante líderes do setor: a Sears entrou em recuperação judicial nos Estados Unidos.

Depois de anos com suas lojas mais se assemelhando ao cenário do seriado *The Walking Dead* em razão do descaso na gestão de seus espaços físicos abandonados e desertos, a empresa sucumbiu à dura realidade dos números e de um futuro incerto e pouco promissor.

A informação que muitas vezes passa despercebida, no entanto, é a relevância que a companhia, fundada em 1893 inicialmente para atuar na venda de mercadorias por catálogo, teve para a evolução não só do varejo mundial, mas da própria sociedade. Foi em fevereiro de 1925, em Chicago, que a empresa abriu a primeira loja de departamentos da história. Foi a primeira experiência de uma empresa que reunia uma enorme gama de produtos oferecidos para todos os gostos e públicos em um só espaço, conceito que ficou conhecido como "*one-stop shop*" (algo como "um único lugar para comprar", em português).

O sucesso foi imediato e em pouco mais de dois anos a rede já somava 27 unidades em funcionamento nos Estados Unidos. Dezesseis anos após o lançamento da primeira loja, eram contabilizados mais de seiscentos espaços similares em todo território norte-americano.

A Sears inaugurou, de forma arrojada, um novo modelo de negócios que caiu no gosto dos consumidores em todo o planeta e foi fundamental para o crescimento do varejo mundial, além de ter sido o embrião para espaços que se popularizaram e são onipresentes em todo o mundo, como os shopping centers, as lojas multimarcas, as megastores e outras referências egressas dessa primeira iniciativa que remonta a quase um século.

Como uma organização cuja origem está intrinsecamente relacionada à inovação, que liderou com êxito durante décadas um setor tão competitivo como o do varejo, sucumbiu de forma tão avassaladora?

Para refletir sobre essa questão, é fundamental entender que o que aconteceu com a Sears não é um caso isolado nem representa uma exceção no atual ambiente empresarial.

Quase diariamente tomamos conhecimento de organizações e líderes de todos os setores da economia que se veem às voltas com desafios importantes para a sobrevivência de seus negócios.

É fato que a essência do desafio para que as organizações continuem relevantes reside em sua adaptação ao ambiente em transformação derivado do forte avanço tecnológico característico dos últimos anos. No caso do setor de varejo, a expansão dos e-commerces e *marketplaces* mudou, definitivamente, o comportamento do consumidor, gerando um novo paradigma em sua relação com as marcas. Causa e consequência dessa mutação foi o surgimento de novas organizações que revolucionaram a forma de fazer negócios no segmento com o óbvio destaque da Amazon, a maior empresa de vendas on-line do planeta.

Afinal, seria a tecnologia a única causadora dessa ruptura?

A resposta a essa complexa questão guarda um paradoxo instigante: se, por um lado, o principal vetor da transformação é a tecnologia, por outro, na essência das mudanças estão as pessoas.

A onipresença e a relevância da tecnologia na atual sociedade fazem com que muitos entendam que ela é a instância decisiva para o êxito ou o fracasso dos processos de transformação.

Não é bem assim.

Tracy Kildder, em sua premiada obra vencedora do consagrado prêmio Pulitzer, *The soul of a new machine*, pontua que a tecnologia nada mais é do que a alma coletiva daqueles que a construíram. Ela não emerge do vazio, não surge do nada. Ela é a consequência da visão de indivíduos que enxergam um futuro projetado e o tangibilizam por meio desse sistema. Mais fascinante que a tecnologia é a obstinação de quem a desenhou.

A tecnologia é o meio para a transformação, e não a transformação em si. Ela diz respeito à capacidade que o ser humano tem de modelar novas soluções para as empresas e a sociedade – tão necessárias em um mundo em movimento.

O êxito no processo de adaptação das organizações ao novo não está relacionado exclusivamente à tecnologia. O sucesso está relacionado à maneira como as pessoas encaram essa nova

> O êxito no processo de adaptação ao novo não está relacionado exclusivamente às transformações tecnológicas. Não é possível que aconteçam transformações de qualquer natureza, seja qual for a organização, que não envolvam uma profunda transformação cultural em sua essência.

perspectiva nas companhias e abraçam – ou não – essas transformações.

Considerando que uma empresa é um agrupamento de indivíduos reunidos em prol de um objetivo comum – ou, pelo menos, deveria ser assim –, é a cultura organizacional que dá o tom, unindo todo esse ecossistema.

A cultura de uma empresa é seu conjunto de crenças e valores. Em uma tradução sintética e certeira, é o jeito que ela "faz as coisas acontecerem".

Uma constatação que vem sendo forjada com o desenvolvimento dessa nova economia é que a cultura corporativa das companhias tradicionais não combina mais com o que é requerido nesse novo contexto.

Mais um caso de outra empresa mítica no passado mostra como essa tese se configura na prática e, ainda mais impressionante, como o mercado acionário rapidamente reconhece e precifica o valor das empresas cuja cultura não anda em linha com os tempos atuais.

Em junho de 2018, a Bolsa de Valores norte-americana, S&P Dow Jones, informou ao mercado que a General Electric, a GE, a partir daquele momento não faria mais parte de seu índice. O tradicional índice Dow Jones é composto de uma cesta de ações das companhias mais representativas daquela Bolsa. A GE é seu membro original e compunha seu índice desde 1907, ou seja, 122 anos. Há apenas quinze anos, a companhia era a mais valorizada de todas, ocupando a posição de empresa mais valiosa do planeta. Em 2018, quando ocorreu o anúncio, a corporação ocupava um melancólico último lugar dentre as organizações que compunham o índice.

Importante salientar que não se tratou de uma decisão unilateral. Ela foi baseada em um fato concreto: o baixo interesse despertado pelas ações da companhia que a tornaram pouco relevante no universo de companhias listadas naquela Bolsa.

Outro aspecto que vale a pena ser contextualizado é que a S&P Dow Jones é a Bolsa que concentra as ações das chamadas empresas tradicionais da economia mundial. E é na Nasdaq que estão abrigadas as companhias mais modernas da nova economia. Ou seja, a GE ficou desimportante perante um conjunto de organizações que está batalhando por um lugar ao sol no novo tabuleiro corporativo global, e não diante das empresas mais expostas da atualidade.

O declínio da GE é um movimento emblemático, visto que a organização é uma das mais icônicas da história do mundo dos negócios. Celeiro de grandes líderes como Jack Welch, considerado o CEO dos CEOs no século XX e responsável pela fase mais reluzente da companhia quando ocupou o lugar de empresa mais valiosa do planeta, a empresa sempre foi sinônimo de excelência em gestão e esteve à frente de grandes inovações, a começar por aquela que a originou: a lâmpada elétrica. Para quem ainda tem dúvidas sobre sua vocação inovadora, basta recordar o nome de seu fundador: Thomas Edison.

Ao longo dos anos, com sua consolidação, a organização foi promovida à posição de "queridinha" dos principais pensadores da gestão e das escolas de negócios do planeta, e seu caso foi estudado em profundidade sob diversas facetas e peculiaridades.

Afinal, o que aconteceu com uma corporação tão sólida liderada por talentos extraordinários?

É óbvio que se trata de uma resposta complexa a uma situação de igual magnitude. Há, porém, uma atestação inconteste que salta aos olhos ao analisarmos essa saga: a organização e seus líderes não conseguiram acompanhar a velocidade das mudanças e se adaptar aos novos tempos.

Em artigo publicado em parceria com o professor Vijay Govindarajan, na edição de primavera de 2019 da *Sloan Management Review*, consagrada revista do MIT (Massachusetts Institute of Technology), Jeff Immelt, CEO que sucedeu o mítico Jack Welch no comando da GE no ano 2000 permanecendo no cargo até 2017, reconhece que a transformação digital da companhia passou longe de ser uma realidade na organização.

O professor Benjamin Gomes-Casseres dá uma contribuição importante para analisarmos esse caso em artigo publicado na

Harvard Business Review de julho de 2018 intitulado "Who Killed the GE Model". No material são apresentados diversos movimentos de mercado que não foram avaliados adequadamente pelos líderes da organização que resultaram em seu declínio como o avanço da China; a evolução da tecnologia e novos conglomerados egressos do Vale do Silício; a mudança no acesso a crédito barato para expansão provocada pelo acréscimo das taxas de juros mundialmente; entre outros aspectos.

Todos esses movimentos mercadológicos, porém, são o pano de fundo para um movimento que tem a cultura organizacional em seu cerne. Ao longo dos anos, a GE consolidou uma cultura forte e poderosa que foi a responsável por seu espantoso crescimento nos anos 1990. Essa mesma cultura, no entanto, transformou-se em um sistema inflexível que barrou o ingresso de novas perspectivas e conhecimento na organização que preferiu se aferrar a suas crenças do que correr riscos ao abraçar novas possibilidades.

Jeff Immelt reconhece que mudar a cultura organizacional é um imenso obstáculo para transformação em empresas industriais. Essas organizações prosperaram com padrões como o longo ciclo de desenvolvimento de produtos, investiram em eficiência com metodologias como o Six Sigma tendo como foco a solidez de seus processos produtivos e outros modelos que privilegiam e favorecem a estabilidade. Como consequência, há a tendência pela consolidação de uma cultura que privilegia a rigidez e a pouca flexibilidade em sua estrutura. O oposto da abertura à instabilidade e à incerteza inerentes a um processo de transformação.

O líder comenta que enquanto as organizações industriais acreditam na melhoria incremental, as novas empresas digitais orientam-se à inovação constante.

Aí está a origem dos desafios da adaptação da empresa ao novo ambiente externo.

Paradoxalmente, a organização que popularizou o conceito de aprendizagem organizacional com a lendária Universidade

Corporativa de Crotonville, uma das primeiras universidades corporativas da história, foi vítima de sua incapacidade de aprender e se adaptar às mudanças do ambiente externo.

É justo esclarecer que não é só a GE que está sendo penalizada pelos mercados financeiros em seu desafio de adaptação a esse novo mundo. Recentemente, o ambiente financeiro tem testemunhado o declínio no valor das ações de empresas tradicionais consequente de diversos movimentos empresariais malsucedidos, que em comum, no entanto, nutrem a percepção generalizada dos investidores de que são companhias que não estão acompanhando a evolução dos mercados. O movimento de migração de investimento para organizações menos tradicionais é notório e impulsiona o crescimento da Nasdaq.

Enquadram-se nessa categoria de empresas com valor de mercado declinantes organizações como a Kraft Heinz, que em 2018 teve suas ações negociadas ao ponto mais baixo desde 2015 (ano da aquisição da Kraft Foods), ou da Ab Inbev, que desde 2016 tem testemunhado um declínio constante e frequente de seu valor de mercado.

O fato concreto é que uma organização, cuja cultura não está em linha com as novas demandas de mercado e que, como consequência, não obtém êxito em sua adaptação ao novo ambiente empresarial, sente os efeitos no bolso.

Esse é mais um motivo para a necessidade de uma reflexão profunda e consequente sobre a adaptação a esse novo ambiente empresarial. Para que uma organização e seus líderes caminhem para o futuro de maneira sustentável e promissora, não basta se ancorar em atitudes superficiais, cosméticas, colocadas em ação mais por estarem alinhadas com o que todos estão fazendo do que por estarem comprometidas com uma mudança substancial na forma de conduzir os negócios.

O ambiente empresarial sempre foi afeito à adoção de práticas que estão na moda, cujo objetivo principal de sua implantação tem relação mais com a forma que a organização deseja ser vista por seus *stakeholders* do que com a realidade de seu negócio.

Essa lógica funcionava em um contexto em que as empresas operavam como caixas-preta, blindadas do olhar externo e cuja essência só era possível de ser codificada por seus líderes e colaboradores mais atentos.

Essa realidade não existe mais. A metáfora da caixa-preta deve ser substituída pela da caixa de vidro, transparente, translúcida, em que as fronteiras do que é transmitido para dentro se misturam com o que é vazado para fora.

Impactadas pela ascensão da cultura das *startups*, muitas organizações tradicionais miraram seu olhar para essas empresas nascentes e reluzentes e decidiram adotar algumas de suas práticas mais inovadoras.

Dessa lógica florescem, diariamente, escritórios com mesas de pebolim ou pingue-pongue, espaços modernos em que os colaboradores podem até tomar cerveja ao fim do expediente – vejam que incrível revolução! – e toda sorte de iniciativas de muito valor, desde que façam parte de um contexto maior.

É aí que mora o perigo.

Não basta a adoção de medidas frívolas que estão mais alinhadas ao contexto do marketing e à forma como a empresa deseja ser percebida pelo mercado, do que às convicções profundas do negócio.

É necessário ir além.

É mandatória a adoção de uma cultura corporativa orientada e alinhada com as transformações de um mundo em ebulição.

Esse é o fator imperativo para conduzir a organização a um novo patamar.

É inegável que líderes já perceberam a importância desse tema em seus desafios de transformar suas organizações.

A pesquisa global divulgada pela Consultoria McKinsey, em julho de 2017, intitulada *Culture for a digital age* dos autores Julian Goran e Ramesh Srinivasan, realizada com mais de dois mil executivos em todo o mundo, aponta que, segundo os líderes de organizações, uma das principais barreiras para o sucesso de suas empresas na atualidade são as deficiências em sua cultura organizacional.

Ao serem questionados sobre "qual é a principal barreira para a transformação digital de suas empresas?", os respondentes destacaram, em primeiro lugar, "desafios comportamentais e culturais".

Não deixa de ser curioso como essa nova dinâmica esconde outro paradoxo instigante.

Ao longo de anos, organizações e seus líderes dedicaram-se à adoção de ações orientadas ao fortalecimento de suas culturas organizacionais. Essa estratégia, quando bem-sucedida, resultou em um conjunto de crenças e valores tão enraizados nas práticas da companhia que gerou uma blindagem hermética, favorecendo e valorizando o jeito como "as coisas são feitas" em cada contexto.

O resultado que se observou com o tempo foi o da formação de uma cultura inflexível, impermeável, que gera extrema dificuldade em abraçar o novo e uma tendência clara a se "fechar em copas".

Esse traço, que outrora era encarado como um ponto forte do projeto, transmuta-se em impeditivo para a transformação requerida nesses novos tempos.

Como observado no caso da GE, contraditoriamente, a força transforma-se em fraqueza da organização.

Em uma cultura inflexível, quando uma ideia é apresentada e não está em conformidade com as crenças da organização, ela é refutada sem debate ou discussão profunda.

Esse processo, via de regra, acontece de maneira silenciosa, tácita e é imperceptível para a maior parte do grupo, pois a resistência não é articulada explicitamente. Todo o mecanismo é velado.

Com isso, a despeito dos discursos favoráveis e politicamente corretos acerca da valorização da inovação, todas as atividades idealizadas nessa direção são sabotadas implicitamente pelos membros e, sobretudo, pelos líderes da organização.

Qualquer tentativa nesse sentido vai resultar em comportamento defensivo do grupo.

Em algumas situações, a reação é tão irracional que não é minimamente inteligível por um agente externo, ou seja, a situação é tão absurda que se torna inexplicável.

> Líderes adotam uma visão racional ao concluírem que a transformação em suas organizações é mandatória. Em geral, dedicam-se prioritariamente a mudar suas estratégias corporativas adotando uma nova perspectiva para o negócio.

Ao analisar a narrativa malsucedida de organizações icônicas do passado, como as já citadas Sears e GE, é irremediável que venha à mente a pergunta: "Como deixaram a situação chegar a esse ponto?".

A resistência cultural à mudança, em geral, está no cerne dessa questão.

Provocados e empurrados pela premente necessidade por mudanças, a maioria dos líderes adota uma visão eminentemente racional dando atenção excessiva a questões correlatas ao negócio. Em geral, dedicam-se prioritariamente a mudar suas estratégias corporativas na busca por adaptá-las ao novo ambiente.

Uma visão sintética de um *framework* estratégico nos traz a visão de que o resultado de uma companhia é consequência de como ela articula seu modelo de negócios (e estratégia), liderança (e gestão de pessoas) e cultura com as características do ambiente (de acordo com a figura a seguir).

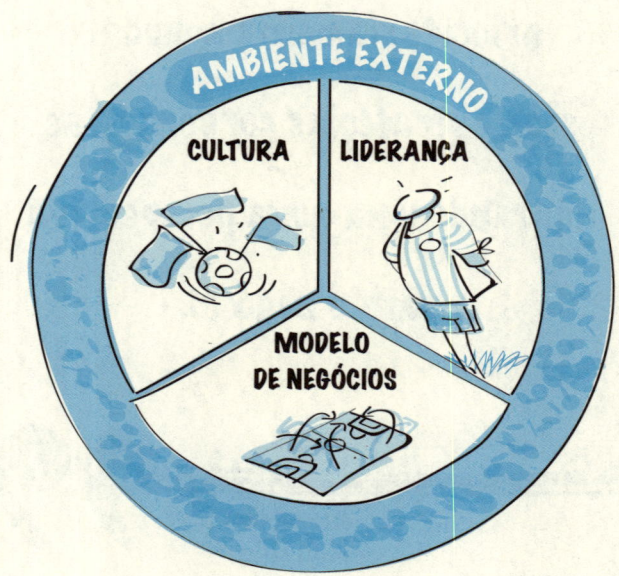

O êxito ou não da companhia é resultante de como integra esses três elementos adaptando-os ao ambiente externo. Quanto mais esses elementos integrados estiverem adaptados ao meio, maior a tendência de êxito. Quanto menos isso ocorrer, mais é a tendência pelo fracasso.

Em geral, organizações e líderes sempre deram mais atenção e foco à visão sobre seu modelo de negócios e estratégia e seu modelo de liderança e gestão de pessoas.

Não poderia ser diferente.

Além da relevância desses sistemas, são frentes que, a despeito dos reconhecidos desafios, são menos complexas para uma interferência profunda que a cultura organizacional.

Poucos se dão conta da relevância de aliar a esses dois sistemas a reflexão sobre a aderência da cultura de sua corporação aos novos requisitos dessa nova economia e a nova estratégia.

Quando esse movimento não está em consonância com uma mudança genuína de cultura, o processo tende ao fracasso.

O sintoma mais perceptível dessa dinâmica é observar que o discurso vigente da organização não se reflete em suas práticas. Há uma dissonância clara entre a mensagem falada e o que acontece no dia a dia do negócio.

Por mais que o direcionamento estratégico seja valioso, ele sempre vai esbarrar na dificuldade da mudança cultural, e sua implantação tende a ser comprometida ao ser sabotada por todos na empresa em um processo silencioso que só é identificado quando analisado minuciosamente e, não raras vezes, por agentes externos àquele ambiente que não sofrem sua influência direta.

Considerando a relevância do tema, não deixa de ser surpreendente o fato de que, ao longo dos últimos anos, observa-se uma diminuição evidente nas discussões sobre os impactos da efetividade da cultura nos negócios.

Em *Gestão do amanhã*, apresentamos uma pesquisa realizada pela Bain & Company com 1.900 organizações globais, que apresenta indícios dos motivos desse, aparente, paradoxo.

O estudo demonstra que os gastos com pesquisa e desenvolvimento diminuíram, em termos relativos, nos últimos anos, enquanto a distribuição de dividendos aumentou nas empresas pesquisadas.

Ou seja, espremidos pela demanda de geração de resultados de curto prazo, líderes dão preferência e prioridade para decisões que têm como foco essa orientação em detrimento do investimento em inovação.

Um ambiente com esse perfil, obviamente, não favorece discussões sobre a eficiência da cultura organizacional, uma vez que essas análises têm com horizonte a geração de resultados no longo prazo.

Mais uma vez, todo ambiente empresarial fica refém de uma visão curto-prazista, que é uma das principais armadilhas da adoção de inovações.

Os pesquisadores Boris Groysberg, Jeremiah Lee, Jesse Price e Yo-Jud Cheng deram uma importante contribuição a esse respeito ao realizarem uma pesquisa global com mais de 1.300 executivos que atuam em mais de 230 empresas de diversos setores e localidades.

Um dos principais objetivos dessa pesquisa, publicada na edição de fevereiro de 2018 da *Harvard Business Review Brasil*, foi identificar quais os tipos de cultura organizacional e qual a preponderância dos estilos analisados nas organizações estudadas.

Não é surpresa que 89% das empresas pesquisadas têm como estilo preponderante a chamada "cultura de resultados", que se caracteriza por um "ambiente de trabalho orientado a resultados, conquistas, realizações e baseado no mérito".

É evidente que esse estilo de cultura tem como inclinação a valorização de atividades orientadas à geração de resultados de curto prazo para cumprir com os requisitos definidos, tácita ou explicitamente, para o negócio.

Chama a atenção, ainda, o alto índice de preponderância desse estilo nas organizações pesquisadas.

Essa informação, por si só, já dá o tom dos desafios de uma transformação cultural que tenha como foco a inovação, visto que sua orientação é de longo prazo, imprevista e incerta.

A forma como as organizações gerenciam seus negócios hoje será totalmente distinta das demandas do futuro – cada vez mais breve. Nenhuma empresa é grande demais para falhar.

A habilidade de reinventar não somente seu negócio, mas de se reinventar, é uma das habilidades mais críticas de todo líder nessa nova era. Não importa se está à frente de uma companhia de duas ou milhares de pessoas. Adaptar a cultura de sua organização para que ela aprenda mais rapidamente, seja flexível e esteja em linha com as mudanças do mercado é um fator crítico de sucesso nesse novo contexto.

A maioria das organizações que sucumbiram nos últimos anos não falharam apenas por fazer as coisas erradas. Falharam, sobretudo, por fazer a mesma coisa certa durante muito tempo. A Kodak sempre foi reconhecida como a organização que melhor produziu fotos na história da humanidade. A Motorola foi a empresa que, praticamente, inventou os aparelhos celulares e se dedicou à sua evolução a partir do modelo projetado originalmente. A Blockbuster deu novo significado ao entretenimento no lar, sedimentando um novo paradigma de lojas de locação de filmes que se expandiram por todo o planeta.

A despeito do forte crescimento inicial dessas empresas a partir de seu modelo original, todas elas perderam relevância ou sumiram com o passar dos anos por terem seus negócios impactados decisivamente por novas organizações que conseguiram realizar uma leitura mais favorável do ambiente com seus líderes tendo mais abertura às movimentações de mercado.

Nessa jornada, foi de pouca relevância sua excelência operacional tendo como foco a geração de resultados de curto prazo. No final do dia, as novas demandas foram mais impactantes que essa orientação, e a resistência à transição resultou em fracasso. Um dos maiores erros que todo líder e organização correm atualmente é permanecerem confortáveis em seu *status quo* e não buscarem a transformação de seus negócios.

Se não se comprometerem com esse movimento de ruptura, modelando uma cultura que engaje as pessoas e a organização em uma nova dinâmica para seu negócio, correm o risco de serem "disruptados" por novas organizações e empreendedores ávidos por ocupar seu espaço.

A despeito de todas as dificuldades e os desafios dessa jornada, não resta alternativa para as organizações que desejam liderar e sobreviver com êxito aos novos tempos: a mudança é mandatória e quem negligenciar essa demanda ficará pelo caminho.

Se, por um lado, a história mostra que o mundo dos negócios é impiedoso com quem não acompanha sua dinâmica, por outro, os exemplos de recompensa àqueles que conseguiram fazer uma leitura adequada do ambiente são fartos. Essas são as organizações líderes da nova era.

É evidente que não se trata de tarefa trivial.

O processo de mudança de cultura em uma empresa é absolutamente complexo e envolve uma reflexão profunda e estruturada sobre todas as instâncias do negócio: seus *stakeholders*, a dinâmica dos mercados, o papel do líder nesse processo etc.

É sobre esse modelo que nos debruçaremos nesta obra.

O principal objetivo deste projeto é que você tenha as referências e as informações indispensáveis para você refletir sobre os impactos da cultura corporativa no processo de adaptação de sua organização ao ambiente e, a partir daí, tenha condições de liderar esse movimento que é emergente. Afinal, não temos tempo a perder.

Para iniciar essa caminhada, é necessário, antes de qualquer coisa, entender o que é cultura organizacional. Em razão da subjetividade desse conceito, a despeito da convicção de sua relevância, poucos indivíduos dedicam tempo a explorar sua dinâmica, sua composição e como ela se concretiza na prática. Esse é o tema do capítulo 1 desta obra.

QUESTÕES ESTRATÉGICAS PARA REFLEXÃO

1. Como você definiria Cultura Organizacional com suas palavras?

2. Em sua opinião, qual é a relevância da Cultura Organizacional em um negócio? Você consegue identificar os efeitos de uma cultura em uma organização? Quais dificuldades concretas você encontra para chegar a conclusões relevantes nesse processo de observação?

3. Reflita sobre iniciativas e tentativas que já testemunhou realizadas com o objetivo de inserir inovações ou um novo modo de fazer as coisas acontecerem em seu negócio. Qual foi a dinâmica desse processo? Enuncie e relacione as barreiras e os pontos de alavancagem que facilitaram ou dificultaram o processo.

4. Na prática, como compatibilizar as demandas de curto prazo de uma organização com seu foco no longo prazo e na longevidade do negócio? Tome como referência suas experiências e descreva as opções para equilibrar essas duas perspectivas.

5. "A maioria das organizações que sucumbiram nos últimos anos não falharam apenas por fazer as coisas erradas. Falharam, sobretudo, por fazer a mesma coisa certa durante muito tempo." Como você observa essa dinâmica em suas referências e sua experiência? É possível observar como as organizações que você conhece estão correndo esse risco? Como esse movimento se expressa na prática?

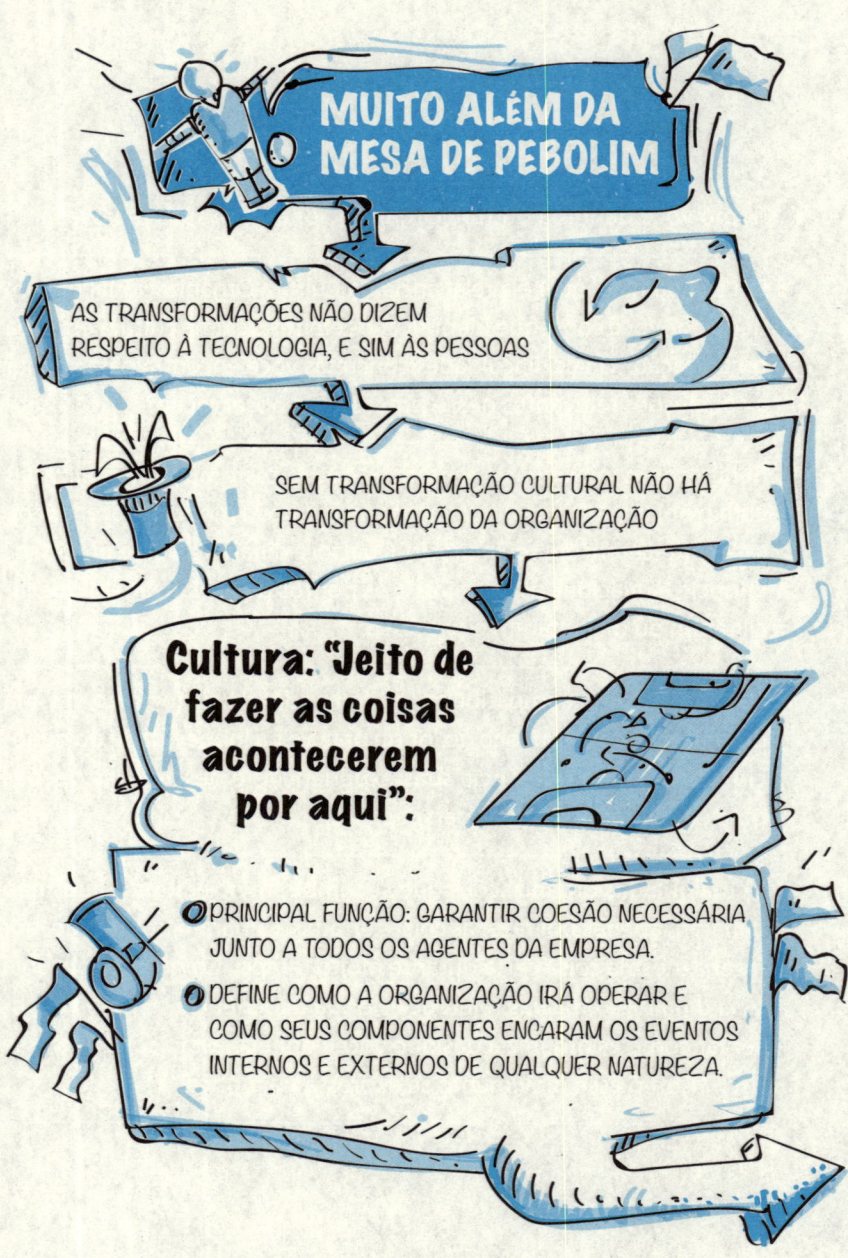

Capítulo 1:
DESVENDANDO O SIGNIFICADO DE CULTURA ORGANIZACIONAL E SUAS NUANCES

Não faltam definições disponíveis na literatura de negócios sobre cultura organizacional. No entanto, por causa de sua alta intangibilidade, o tema é de difícil entendimento, pois requer um bom nível de abstração para sua interpretação adequada.

Partir para uma visão prática sempre contribui para conectar conceitos complexos com a realidade e tornar sua compreensão mais palatável.

John Chambers liderou uma das sagas corporativas mais virtuosas da história recente dos negócios à frente da Cisco. Quando o executivo assumiu a liderança da companhia, em 1991, a organização faturava 70 milhões de dólares com um único produto e tinha cerca de quatrocentos colaboradores. Depois de vinte anos como CEO, Chambers deixou seu posto com a organização ostentando um faturamento de 47 bilhões de dólares provenientes de 18 linhas de produtos distintas e mais de setenta mil colaboradores. Nesse período, liderou a aquisição de 180 companhias (nove novas empresas por ano, em média, foram incorporadas ao negócio).

Em 2000, a Cisco chegou a ser a empresa mais valiosa do mundo, período em que cresceu, em média, 65% anualmente durante a década anterior. Chambers soube liderar a companhia no período virtuoso do primeiro boom das comunicações no mundo e da ascensão da internet. A Cisco foi uma das principais protagonistas ao prover ao mundo acesso e conectividade com seus equipamentos. A companhia, no entanto, não saiu ilesa do estouro da bolha da internet no início dos anos 2000. Um ano após a crise, a companhia havia perdido um quarto de seus clientes e 80% do valor de suas ações.

Mesmo diante dessa adversidade a companhia, sob liderança de Chambers, prosperou e superou mais cinco crises de igual dimensão. No livro de sua autoria *Connecting the dots*, o executivo afirma que um dos principais motivos do êxito longevo e sustentável da organização foi a construção de uma cultura adequada para lidar com a instabilidade do ambiente. Foi por meio desse sistema que conseguiu envolver e engajar todos os colaboradores em um objetivo e propósito comuns.

Por esse motivo, o líder valoriza a cultura como uma das principais prioridades de todo líder empresarial e acredita que essa instância é a responsável por uma empresa ou uma equipe prosperar ou fracassar.

Em sua visão, cultura, essencialmente, é a filosofia que define a missão, as prioridades e o modo de fazer as coisas na companhia. Ela vai muito além de *slogans* bonitos ou escritórios modernos. Uma cultura forte não prospera espontaneamente em uma organização. Ela é fruto de um processo deliberado e dinâmico construído propositivamente, tendo a liderança da companhia como papel fundamental nessa orquestração. Os elementos que compõem uma cultura sempre emergem do topo.

Os líderes que almejam uma cultura forte devem se dedicar, intencionalmente, a construir uma cultura forte em seu negócio. Chambers comenta que sua experiência lhe mostrou, na prática, que ela é a fundação de como a organização constrói equipes em alta performance e prosperidade em todas as partes do negócio.

Quanto melhor há o entendimento da cultura de um negócio, mais fácil será a criação de políticas e a atração de talentos alinhados com essa visão para seu projeto.

O primeiro passo desse processo de transformação consiste justamente na interpretação adequada de qual é a cultura de seu negócio. Paradoxalmente, a despeito da convicção existente acerca da relevância do tema por parte da maioria dos líderes empresariais, não é comum uma reflexão propositiva que se dedique a explorar e entender o perfil da cultura existente nos negócios que lideram.

Uma contribuição muito valiosa que auxilia nesse processo de entendimento desse sistema vem de um dos estudiosos que melhor soube navegar por esse território: Edgar Schein, legendário professor do MIT, que, seguramente, é uma das principais referências sobre o tema e leitura obrigatória para quem deseja se aprofundar em suas nuances.

Em sua obra de referência *Cultura organizacional e liderança*, o autor propõe um modelo que facilita o entendimento sobre tão complexo conceito.

De acordo com sua visão, a cultura de uma organização é como um *iceberg* sendo composta, basicamente, de três níveis:

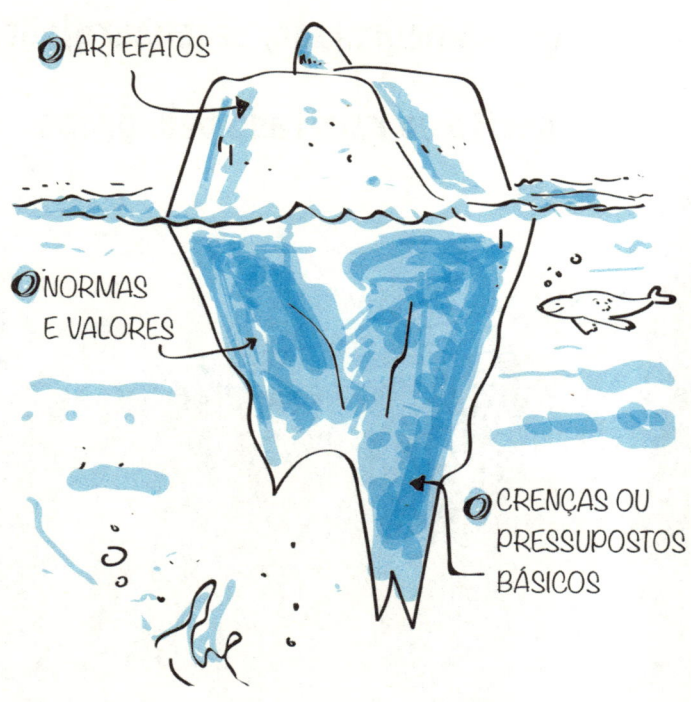

> Normas culturais definem o que é encorajado, desencorajado, aceito ou rejeitado pelo grupo.

Os artefatos são o primeiro e mais visível nível na organização. São todos os elementos que representam a cultura da companhia: a forma como as instalações da empresa estão organizadas (seu escritório, seus pontos de vendas e seus espaços físicos, por exemplo); seus rituais formais e informais (o modo como seus colaboradores se vestem – o código de vestimenta, o formato de suas reuniões etc.); o modo como expressa sua missão; e assim por diante.

Não é pelo fato de ser o elemento mais visível da cultura organizacional que seja fácil interpretá-lo. Alguns artefatos só podem ser entendidos em sua plenitude por aqueles que conhecem profundamente os valores da empresa. Sua interpretação depende de mergulho e aprofundamento em todo o sistema corporativo.

Como os artefatos são o ponto mais visível de uma cultura, são o passo inicial para qualquer processo de observação e interpretação do sistema. É o ponto de partida para qualquer estudo sobre o tema, pois é o elemento cultural mais acessível.

No segundo nível da cultura organizacional, estão as normas e os valores da empresa. São as regras escritas e não escritas que fazem com que os membros de uma companhia saibam o que é esperado deles e o que não é tolerado naquele contexto.

Normas culturais definem o que é encorajado, desencorajado, aceito ou rejeitado pelo grupo.

Enquanto as normas expressam os tipos de comportamento requeridos em determinado ambiente, os valores especificam aquilo que é importante para os componentes daquela cultura.

Os valores são formados de acordo com a evolução da organização. Sempre que alguma adversidade é encarada, são implantadas soluções para superar esses obstáculos. Com o sucesso do processo, as soluções que se consolidam se transformam em valores compartilhados pelo grupo.

As normas e os valores muitas vezes encontram-se organizados e expressos em documentos formais; porém, em seu nível mais profundo, esses elementos são tácitos, invisíveis. Muitos deles são seguidos à risca por todos na organização, sem questionamentos, mesmo não tendo sido registrados em nenhum meio formal.

No último e mais profundo nível da organização, encontram-se as crenças e os pressupostos básicos. Esse nível forma o coração de todo o sistema, sua essência. Seus elementos raras vezes são articulados explicitamente, pois estão além do nível da consciência, daí a extrema complexidade de acessá-los.

Geralmente, são crenças consideradas "tabus" dentro da empresa, ou seja, regras veladas que existem sem o conhecimento consciente de seus colaboradores.

É nesse nível que a definição de cultura como o jeito que a organização "faz as coisas acontecerem" se traduz mais fortemente, uma vez que sua intangibilidade explicita toda a complexidade de entendimento formal do sistema e se transforma em um enunciado tão enigmático, mas, paradoxalmente, inteligível, quanto esse.

Como o próprio nome já define, crenças e pressupostos básicos de uma organização são tudo aquilo em que ela acredita e que não está aberto a discussão.

Para observar como esses elementos se expressam na prática na formação da cultura de uma organização, é necessária uma análise atenta aos mecanismos formais e rituais da companhia observando situações em que ela se manifesta como, por exemplo:

- A forma como a empresa gerencia seus negócios;
- A natureza e as particularidades do tratamento com todos os *stakeholders* da organização (clientes, funcionários, acionistas, fornecedores etc.);
- O grau de lealdade existente entre seus colaboradores;
- As normas, formais e informais, que orientam o comportamento de todos os componentes da organização.

Como podemos observar com essas definições, a cultura de uma organização é implícita ao negócio, e não explícita. São as regras não faladas que têm mais força que líderes ou instruções em manuais. A cultura define e determina como a organização vai operar e como seus componentes encaram os eventos internos e externos de qualquer natureza.

A principal função da cultura é garantir coesão necessária perante todos os agentes organizacionais, assegurando seu alinhamento com o conjunto de crenças e normas definido por aquele sistema.

Ela contribui decisivamente para a estabilidade da organização ao definir os parâmetros e os modelos requeridos naquele ambiente, permitindo que as pessoas se comuniquem entre si, coordenem seus esforços e definam os membros que se adaptam a esse sistema ou não.

Segundo o professor Ronald Burt, da Universidade de Chicago, uma cultura corporativa forte reduz as possibilidades de que alguém atue de maneira inapropriada por interpretações errôneas dos objetivos da empresa. Um dos benefícios dessa dinâmica é a redução do custo de monitoramento dos funcionários.

Paradoxalmente, como já mencionamos na Introdução, os benefícios de uma cultura forte podem se traduzir em ameaças importantes nessa nova era.

Ao mesmo tempo que proporciona a estabilidade necessária para a sobrevivência da organização, a cultura tem a capacidade de prover a inflexibilidade que impede a mudança, uma vez que seus mecanismos tendem a ser mais rígidos.

A lógica da estabilidade é ótima e funciona muito bem em um mundo previsível, porém pode ser uma armadilha e um obstáculo decisivo para a adaptação a um ambiente altamente instável e volátil como o atual.

Considere como exemplo um dos casos estudados recorrentemente em *Gestão do amanhã*. O caso da AB InBev. A forte cultura da organização foi claramente influenciada por uma das empresas que deu origem ao conglomerado, a AmBev.

A cultura desse grupo inicial é tão forte que foi a que prevaleceu em relação a todas as demais egressas de inúmeras empresas adquiridas pelo grupo. Desde sua formação, os fundadores da AmBev (outrora, Brahma) sempre se dedicaram a fortalecer e explicitar o sistema de crenças desse ambiente.

> A principal função da cultura é garantir coesão necessária perante todos os agentes organizacionais, assegurando seu alinhamento com o conjunto de crenças e normas definido por aquele sistema.

Com isso, forjaram uma das culturas corporativas mais fortes da história recente dos negócios. Com o tempo, no entanto, essa cultura forte transmutou-se em uma cultura inflexível. Esse é um processo natural, uma vez que é um sistema de defesa desenvolvido para garantir a consolidação do conjunto de crenças vistos como determinantes para o êxito daquele sistema.

Essa força, no entanto, dá mostras de que pode se configurar em uma fraqueza, tendo em vista que a organização, atualmente, demonstra muita dificuldade em realizar os movimentos necessários rumo a uma nova cultura, a um novo sistema de crenças.

Essa dinâmica é tão sensível que, recentemente, Jorge Paulo Lemann, o principal acionista do grupo, protagonista em nosso projeto e referência no ambiente empresarial mundial, externalizou sua preocupação com esse sistema ao afirmar em um evento internacional que "...vivia naquele mundo aconchegante de marcas antigas e volumes grandes em que nada mudava muito e você podia só focar em ser mais eficiente e tudo ficava bem. De repente, nós estamos sendo *disrupted* de todas as formas".

Esse testemunho é um dos exemplos mais concretos dos desafios atuais da requerida transformação rumo a uma cultura que abrace as transformações de maneira genuína e ampla e se liberte de suas amarras. Ele mostra, de forma viva e lúcida, como uma das principais referências do negócio já se atentou aos riscos da manutenção do status quo e enxerga como premente a necessidade da consolidação de uma nova filosofia para a organização.

Não é à toa que Lemann é uma das principais referências na história dos negócios no Brasil, pois tem a coragem e a humildade de se reinventar a despeito de todo o êxito inconteste conquistado ao longo de sua trajetória.

É justamente esse sucesso que fortalece um risco eminente para as organizações tradicionais líderes. Considerando que a cultura de uma empresa se modela no fazer, existe a tendência clara à manutenção do *status quo*, visando garantir a estabilidade da organização e de todo o sistema.

Está claro que a reflexão sobre esse sistema não é nada trivial e superficial. Uma das armadilhas iminentes nessa jornada é seduzir-se pelo caminho mais fácil e confundir a cultura organizacional de uma empresa com seu clima organizacional.

Clima consiste no sentimento do dia a dia dos membros da empresa. Ele é altamente suscetível a mudanças dentro da organização. Suas condições são temporárias e mudam de acordo com o impacto de decisões corporativas. A cultura organizacional, por outro lado, é permanente e duradoura.

O processo de transformação cultural é complexo e tende a ser lento, diferentemente do clima organizacional, que tem característica mais efêmera.

O tempo é um dos principais elementos na formação da cultura organizacional, que é construída ao longo dos anos e se fortalece como resultado de todas as interações da empresa com o meio.

A cultura organizacional é aprendida e modelada pelo fazer, sendo resultante de atos que se tornam habituais e derivam em algo coerente e significativo. Se, por um lado, a cultura é a maneira como a organização pensa e age, por outro, ela se modela e é modelada pela ação individual de seus colaboradores em suas práticas diárias. Por esse motivo, discursos politicamente corretos de mudanças culturais que não refletem as crenças mais arraigadas do negócio não passam de recursos superficiais que não se consubstanciam em resultado algum.

A transmissão da cultura para todos os agentes corporativos se dá por meio de mecanismos formais, como treinamentos, comunicados e outros recursos. São, no entanto, os mecanismos informais que têm maior impacto perante todo o sistema. Enquadram-se nessa categoria estórias, rituais, mitos, comportamentos compartilhados e toda sorte de elementos que não são orquestrados de maneira formal. Simplesmente acontecem.

Uma confusão comum é não entender que a cultura é um resultado, e não uma causa. Em razão de sua intangibilidade, é extremamente complexo ter uma relação causal entre sua ação e os resultados financeiros da organização. Você não modela,

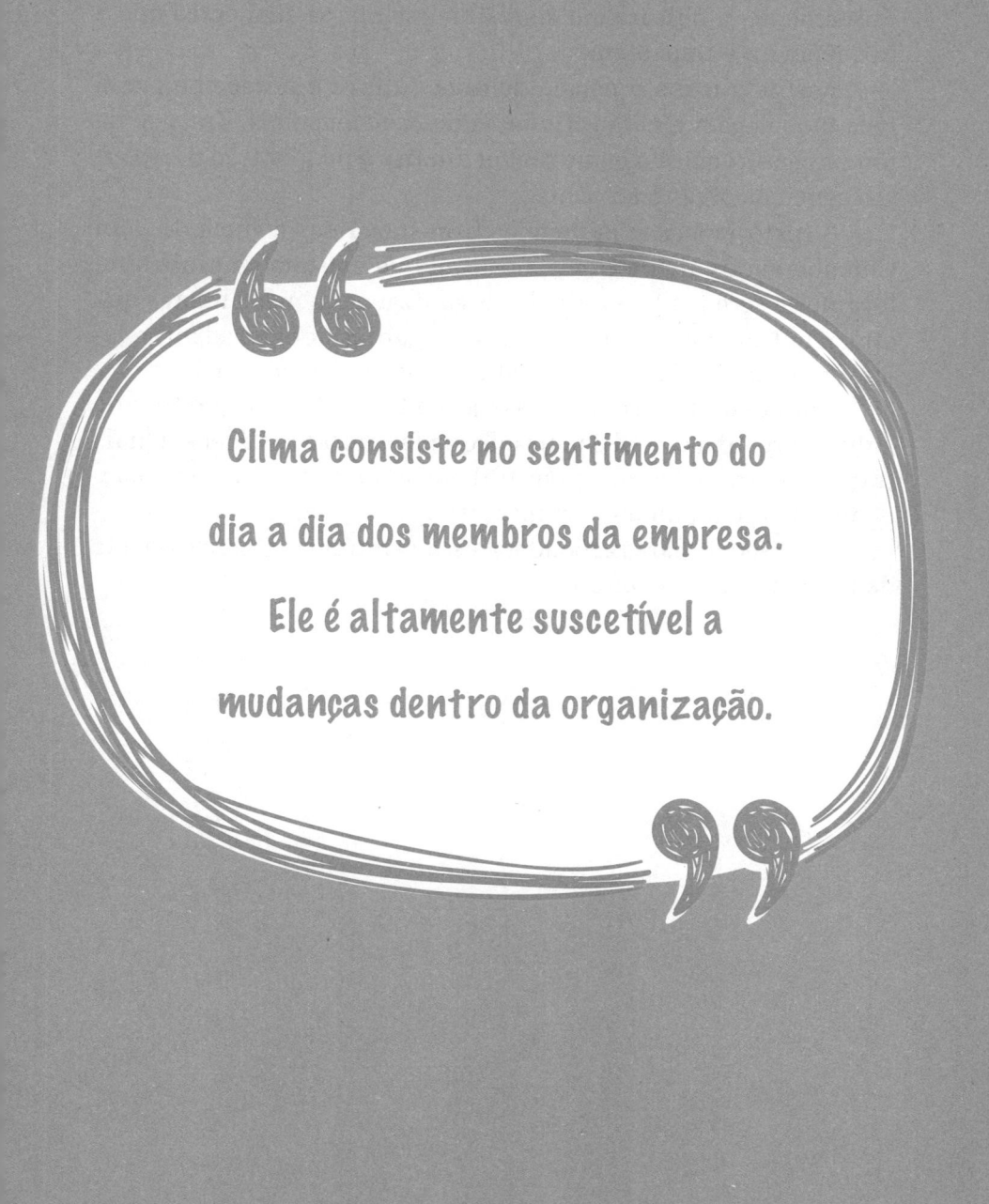

> Clima consiste no sentimento do dia a dia dos membros da empresa. Ele é altamente suscetível a mudanças dentro da organização.

diretamente, a cultura em si, e sim articula os elementos que a influenciam e impactam.

Assim, a transformação de uma cultura é possível e passa pela modelagem e pela influência desses elementos. Trata-se de um processo complexo que requer análise e ponderação de diversos aspectos organizacionais.

A história e as experiências bem-sucedidas como a de John Chambers à frente da Cisco mostram que existem caminhos relevantes a serem adotados pelas organizações e pelos líderes que almejam transformar suas culturas organizacionais, adaptando-as, mais adequadamente, à realidade atual dos negócios.

Um passo importante nessa jornada é entender que tipo de cultura organizacional é mais adequada a nossa realidade. Quais traços e perfil estão mais em linha com as demandas da sociedade e do atual ambiente empresarial?

Referências para responder a essa pergunta estão na essência de nosso próximo capítulo.

QUESTÕES ESTRATÉGICAS PARA REFLEXÃO

1. Selecione uma organização que esteja familiarizado e conheça em profundidade. Como você definiria, com suas palavras, a cultura organizacional dessa companhia?

2. Utilizando a mesma organização do exercício anterior como referência, identifique na cultura daquela organização quais são os principais:
   - Artefatos;
   - Normas e Valores;
   - Crenças e Pressupostos Básicos.

3. Ainda seguindo o mesmo exemplo, como você identifica os traços da cultura da empresa na forma como ela gerencia seu negócio e como se relaciona com seus *stakeholders*? Reflita sobre exemplos concretos dessa visão.

4. Reflita sobre organizações que estão com dificuldades de se adaptar a esse novo ambiente de negócios que você conhece. Você consegue reconhecer traços que evidenciam os desafios de adaptar sua cultura ao atual contexto empresarial? Quais são esses traços mais marcantes?

5. Depois de ler atentamente o capítulo 1, você concorda que é possível transformar a cultura organizacional de uma empresa? Sua conclusão tem como base quais premissas?

DESVENDANDO O SIGNIFICADO DE CULTURA ORGANIZACIONAL E SUAS NUANCES

Componentes da Cultura:

- ARTEFATOS
- NORMAS E VALORES
- CRENÇAS OU PRESSUPOSTOS BÁSICOS

Guilherme Cavallieri é um executivo com ampla experiência na liderança de Recursos Humanos de algumas das principais organizações do país. Neste talkshow, ele explora a visão da evolução da reflexão sobre Cultura Organizacional até chegarmos ao contexto atual em um ambiente em transformação.

Capítulo 2:
OS TIPOS DE CULTURA ORGANIZACIONAL

Conhecer o tipo de cultura organizacional dominante em uma companhia é essencialmente o ponto inicial para qualquer iniciativa de transformação. É simplesmente inviável pensar em mudanças representativas sem conhecer em profundidade as características dominantes do sistema de crenças da organização.

É forçoso reconhecer, no entanto, que o processo de identificação da cultura dominante em um negócio reserva desafios importantes não só por causa de sua intangibilidade, mas também pela necessidade de um referencial mais claro de conceitos bem definidos que permitam uma leitura mais clara de todo sistema.

Apesar de ser vasta a literatura acadêmica sobre o tema, não existe uma tipologia consagrada sobre o assunto. O que é indiscutível é que existem diversos tipos de cultura que se diferenciam por suas características essenciais.

O estudo citado na Introdução, de autoria dos pesquisadores Boris Groysberg, Jeremiah Lee, Jesse Price e Yo-Jud Cheng, publicado na edição de fevereiro de 2018 da *Harvard Business Review* Brasil, oferece uma contribuição importante nessa busca por referências ao apresentar uma tipologia clara de tipos de cultura organizacional com suas características e especificidades. Nós o adotaremos como o guia nesta identificação.

Antes de entrar especificamente na definição conceitual, é importante estar claro que não existe cultura perfeita que se adapte a todos os ambientes. Da mesma forma, não existe superioridade de um tipo em relação a outras. O que existe são traços culturais mais adequados e alinhados com a realidade de determinadas companhias e sua estratégia do que outros.

Todos os estilos têm vantagens e desvantagens. A principal oportunidade dessa análise é identificar como essas forças modelam o jeito de ser da organização e como é possível potencializar seus pontos fortes e neutralizar suas fragilidades.

Além disso, não existe organização que adote 100% do estilo de determinada cultura. Cada um dos tipos vai se manifestar de maneira particular em cada empresa e existirão traços preponderantes de cada estilo nesse ambiente. Essa predominância é que definirá o padrão da cultura organizacional e influenciará os comportamentos de seus componentes.

No estudo, os autores chegaram a oito estilos de cultura organizacional partindo da análise de duas dimensões que se aplicam a toda organização, independentemente de seu porte, setor, área ou geografia. São elas: a forma como acontecem as interações interpessoais entre seus componentes e a natureza da resposta à mudança daquele contexto.

As interações interpessoais são entendidas em um vetor que vai daquelas que são altamente independentes para aquelas altamente interdependentes. As culturas mais relacionadas à primeira se caracterizam pela valorização da autonomia, da ação individual e da competição. Aquelas mais afinadas com a segunda valorizam a integração, a cooperação entre os colaboradores e a coordenação de esforços em grupo. Nessas culturas, as pessoas tendem a colaborar mais e ver o sucesso pelas lentes do grupo. Na primeira, esse mesmo processo tende a ser mais orientado ao indivíduo.

No que se refere à resposta à mudança, algumas culturas enfatizam a estabilidade enquanto outras valorizam a flexibilidade. As mais afinadas ao primeiro tipo priorizam a consistência, a previsibilidade e a manutenção do status quo. Sua tendência é seguir regras que utilizam estruturas de controle que valorizam a hierarquia e a busca pela maior eficiência possível. As mais alinhadas com a flexibilidade tendem a priorizar a inovação, a abertura, a diversidade e a orientação em longo prazo.

Aplicando esses dois vetores, o estudo identificou os oito estilos de culturas organizacionais presentes em qualquer empresa. Veja como os autores caracterizam cada uma delas e a predominância de cada vetor em sua estrutura. O quadro a seguir também oferece uma visão abrangente de todos os elementos integrados:

→ **Acolhimento**
(alta interdependência, média flexibilidade)
Refere-se a relacionamentos e confiança mútua. O ambiente de trabalho é um local caloroso, onde as pessoas ajudam e apoiam umas às outras. Os líderes enfatizam a sinceridade, o trabalho em equipe e os relacionamentos positivos.
Empresa de referência nesse estilo: *Disney*

→ **Propósito**
(alta flexibilidade, média interdependência)
Caracteriza-se por idealismo e altruísmo. O ambiente de trabalho é tolerante, solidário, as pessoas tendem a fazer o bem pelo futuro da humanidade. Os líderes enfatizam ideias comuns e contribuem para uma causa maior.
Empresa de referência nesse estilo: *Whole Foods*

→ **Aprendizado**
(alta flexibilidade, média independência)
Diz respeito à exploração, à expansividade e à criatividade. O ambiente de trabalho é inovador e liberal. As pessoas lançam ideias novas e exploram alternativas. Os líderes enfatizam o conhecimento, a inovação e a aventura.
Empresa de referência nesse estilo: *Tesla*

→ **Prazer**
(alta independência, média flexibilidade)
É expresso por meio de divertimento e empolgação. O ambiente de trabalho é um local despreocupado, onde as pessoas tendem a fazer o que as torna felizes. Os líderes enfatizam a espontaneidade e o senso de humor.
Empresa de referência nesse estilo: *Zappos*

➜ Resultados
(alta independência, média estabilidade)
É caracterizado por realizações e conquistas. O ambiente de trabalho é um local orientado para resultados e baseado no mérito, em que as pessoas aspiram ao desempenho de excelência. Os líderes enfatizam o cumprimento de metas.
Empresa de referência nesse estilo: *AB InBev*

➜ Autoridade
(alta estabilidade, média independência)
Definido pela força, pela determinação e pela ousadia. O ambiente de trabalho é um local competitivo, onde as pessoas se esforçam para obter vantagem pessoal. Os líderes enfatizam confiança e dominação.
Empresa de referência nesse estilo: *Huwaei*

➜ Segurança
(alta estabilidade, média interdependência)
Refere-se a planejamento, precaução e prevenção. O ambiente de trabalho é um local previsível, onde as pessoas têm consciência do risco e se pautam pela reflexão. Os líderes enfatizam o comportamento realista e o planejamento cuidadoso.
Empresa de referência nesse estilo: *Lloyd's of London*.

➜ Ordem
(alta interdependência, média estabilidade)
Baseia-se em respeito, estrutura e normas comuns. O ambiente de trabalho é um local metódico, onde as pessoas obedecem às regras do jogo e procuram se encaixar. Os líderes enfatizam procedimentos compartilhados e costumes seculares.
Empresa de referência nesse estilo: *Securities and Exchange Commission* (SEC)

Cultura Integrada: a estrutura

FLEXIBILIDADE

Aprendizado

Propósito

COMO AS PESSOAS RESPONDEM A MUDANÇA

INDEPENDÊNCIA

Prazer

Acolhimento

INTERDEPENDÊNCIA

COMO AS PESSOAS INTERAGEM

Resultados

Ordem

Autoridade

Segurança

ESTABILIDADE

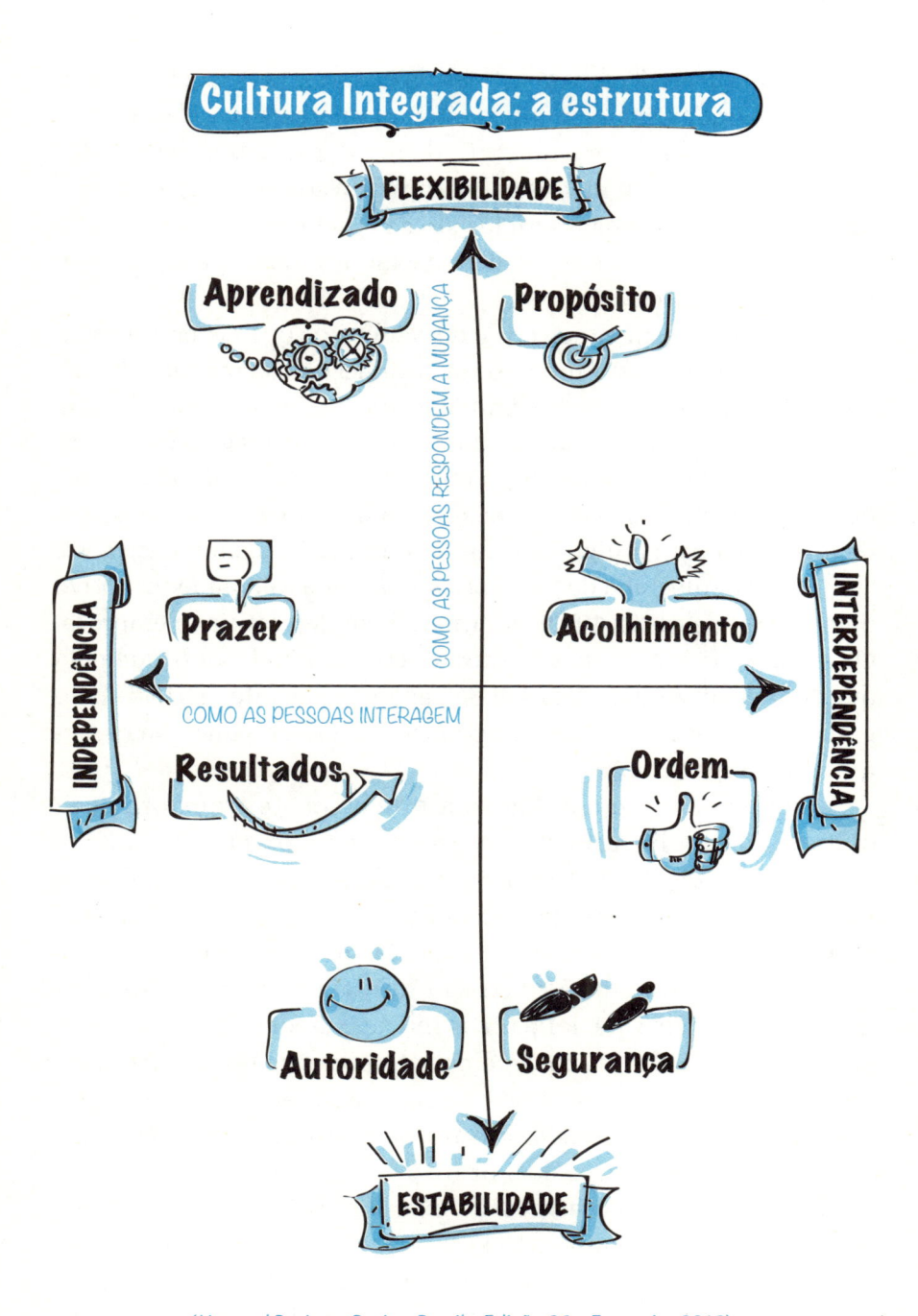

(*Harvard Business Review Brasil* – Edição 96 – Fevereiro 2018)

Ao analisar as características de cada um dos estilos de maneira integrada, fica evidente a já citada perspectiva de que não existe cultura superior a outra. Cada um dos traços apresentados se adequará mais ou menos a determinado contexto organizacional de acordo com suas características e, sobretudo, com a ambição e a visão de seus líderes, com destaque a de seu fundador ou principal executivo.

Cada estilo tem vantagens e desvantagens que devem ser ponderadas e refletidas no processo de avaliação dos componentes almejados na formação de determinada cultura. Por exemplo, o estilo intitulado como Prazer. Se, por um lado, traz a vantagem de melhorar o moral dos funcionários, o engajamento e a criatividade; por outro, gera o risco de a ênfase exagerada na autonomia levar à falta de disciplina para atingir os resultados requeridos para o negócio.

A visão integrada de todos os estilos ajuda a entender o motivo de nenhum deles ser 100% dominante em determinada empresa. Os autores afirmam que a cultura organizacional é definida pela quantidade absoluta e relativa de cada um dos oito estilos e pelo grau de concordância dos funcionários sobre aquelas que caracterizam a organização.

Líderes comprometidos com processos de transformação cultural devem identificar os traços preponderantes da cultura de sua organização, analisar os pontos fortes das demais culturas e aproximar a organização do ponto ideal, que deve estar alinhado com suas convicções e demandas de mercado.

Ao ponderar a adoção de traços de estilos distintos, é importante dar atenção especial para as incongruências entre eles, que podem gerar confusão extrema na interpretação dos colaboradores quanto ao que é requerido naquele ambiente. Por exemplo, organizações orientadas à cultura de resultados muitas vezes almejam absorver traços da cultura de acolhimento (talvez como uma forma de aliviar a pressão exercida pela busca de maior performance dos colaboradores).

Essas organizações desenvolvem um modelo paranoico porque, ao mesmo tempo que cobram os funcionários para aperfeiçoar sua performance e buscar o resultado a qualquer custo, enfatizam a colaboração e o sucesso compartilhado. São dois vetores que podem até se harmonizar, porém são incompatíveis em sua raiz, tendo em vista que a cultura de resultados visa valorizar o esforço individual, enquanto a de acolhimento, o coletivo.

A falta de clareza e foco em todo o processo gera obstáculos no engajamento dos colaboradores com a causa e maior dificuldade na adesão, sobretudo em processos de transformação cultural em que novos elementos são inseridos no sistema de crenças e valores da empresa, gerando novos comportamentos.

É necessário que a organização e seus líderes tenham coragem para fazer escolhas e executá-las, assim como para explicitar suas crenças de maneira que construa uma cultura que seja defendida por todos.

Reiterando: não há cultura melhor ou pior que outra. O que existe é aquela mais adequada ou menos adequada à determinada organização.

O ranking dos estilos de cultura nas organizações atuais

Com o objetivo de ter uma visão clara dos estilos de cultura organizacional mais preponderantes atualmente, os autores pesquisaram quais são aqueles mais presentes nas 230 empresas analisadas.

Conforme referência citada em nossa Introdução, a cultura baseada em Resultados é a líder incontestável desse ranking, com 89% de predominância em primeiro ou segundo lugar nas organizações participantes do estudo. Em segundo lugar, vem a de Acolhimento, com 63%, e as demais estão posicionadas muito abaixo dessas duas (a próxima, que aparece com 15%, é a baseada na Ordem).

Não é de estranhar a predominância da cultura de resultados em um ambiente que tem como foco principal a geração de resultados de curto prazo e a busca por estabilidade. No entanto,

> Líderes comprometidos com processos de transformação cultural devem identificar os traços preponderantes da cultura de sua organização, analisar os pontos fortes das demais culturas e aproximar a organização do ponto ideal, que deve estar alinhado com suas convicções e demandas de mercado.

em um ambiente em transformação, esses atributos em excesso podem contribuir para uma cultura extremamente inflexível, impermeável às mudanças e com pouca capacidade de inovação, visto que tomar riscos não faz parte do sistema de crenças dessa organização.

Se, por um lado, a cultura de resultados contribui com a melhora do sistema de execução da companhia, com foco externo e capacidade de atingir metas, sobretudo as financeiras; por outro, a ênfase exagerada nessa direção pode comprometer a cooperação entre os colaboradores, aumentando o nível de estresse e ansiedade na organização.

Um efeito colateral muito presente em culturas com essa dominância é o excesso de confiança e resistência a novas opiniões ou visões que caracterizam os líderes e os colaboradores dessas companhias. Como essas organizações tendem à estabilidade, sendo pouco flexíveis à mudança, há uma tendência por um sistema mais fechado, impermeável em relação aos estímulos externos. Uma das consequências claras de todo essa dinâmica é a arrogância presente em muitas camadas organizacionais, pois há a percepção de que "nós sabemos de tudo".

É comum quando uma organização com essas características evolui e se torna bem-sucedida, esse sistema se fortalecer gerando uma barreira quase que intransponível para outras visões de mundo, e uma das consequências é a baixa tolerância ao risco, visto que isso quebraria a percepção de "infalibilidade" do negócio e seus líderes.

Uma jornada corporativa que não é recente ilustra os riscos de todo esse processo. Em dezembro de 2001, poucos meses após ter reportado um faturamento de 101 bilhões de dólares no ano anterior, a Enron, uma das principais empresas do mundo no setor de distribuição de energia, pediu falência após a acusação de fraudes contábeis que resultaram em um dos maiores escândalos corporativos do mundo (essa saga foi tão impactante que gerou uma revisão geral nas leis contábeis e no sistema de governança em todo planeta que resultou, em 2002, na lei Sarbanes-Oxley).

Ao longo dos anos em evidência, a organização foi referência nos círculos executivos. Seu caso de sucesso foi estruturado e contado, em diversas facetas, por acadêmicos das principais escolas de negócios do mundo. Essa alta visibilidade, aliada à sua favorável posição de mercado, lhe permitiu atrair às suas fileiras executivos egressos das mais renomadas universidades norte-americanas construindo um ambiente recheado de talentos.

O que aconteceu, no entanto, é que sua cultura extremamente fechada e orientada a resultados criou um sistema de crenças em que a falha era vista como um perigo para a reputação dos executivos e da companhia; afinal, qual seria a percepção de todos se soubessem de seus erros e suas falhas?

A atenção excessiva com a imagem da companhia gerou uma insegurança generalizada quanto à admissão do fracasso e, quando surgiram os primeiros sinais que o negócio ia mal, em vez do problema ser confrontado, seus líderes optaram por ocultá-lo por meio de uma cadeia que envolveu executivos, parceiros e outros *stakeholders* que decidiram pela armadilha da ilicitude.

Quando os investidores começaram a investigar mais a fundo o que estava acontecendo com a companhia, seus executivos preferiram a mentira e por manter uma posição defensiva.

Como não poderia ser diferente, quando a situação ficou insustentável financeiramente com a empresa acumulando uma dívida na casa dos 13 bilhões de dólares que resultou no pedido de concordata em dezembro de 2001, o castelo de areia desabou desfraldando todo o sistema de fraudes protagonizado por seus líderes. A bancarrota da organização levou consigo uma das companhias mais tradicionais do mundo, a Arthur Andersen, responsável pela auditoria contábil da Enron que também se envolveu ativamente em todo o esquema e fechou suas portas diante de todo o escândalo.

A mentalidade de pouca abertura a novas visões resultou em um comportamento arrogante e inflexível que levou à construção de uma cultura que não admitia o erro como recurso ao processo de aprendizado. O resultado foi catastrófico.

Observe a força de uma cultura e seus riscos: a dificuldade de admitir o fracasso era tão grande na Enron que seus executivos preferiram o risco de maquiar os números a admitir suas imperfeições. Obviamente faz parte de todo esse complexo processo a tendência por desvios éticos na busca por atalhos presentes na mentalidade desses líderes. A cultura inflexível, muito orientada a resultados, no entanto, fortaleceu esse comportamento deplorável.

Se essa dinâmica toda aconteceu em um ambiente muito mais estável e previsível, o leitor pode imaginar os efeitos de comportamento similar em um contexto muito mais volátil e caótico como o atual.

A orientação excessiva em resultados é um obstáculo importante ao processo de aprendizagem organizacional e inovação que demandam cooperação e abertura ao novo.

Essa visão evidencia, de maneira técnica, a percepção generalizada a respeito da dificuldade de construir uma nova cultura mais alinhada com a dinâmica da sociedade e dos mercados. A predominância, quase secular, de uma cultura baseada em resultados sedimentou um comportamento claro rumo a essa orientação, que não dá espaço para outras perspectivas distintas do *status quo*.

Esse processo é natural e tem relação com a própria evolução das organizações tradicionais. Empresas consolidadas requerem processos maduros, testados e validados. Processos estáveis. Essa cultura tende a afastar outras mais flexíveis, uma vez que busca previsibilidade e mitigação de riscos, variáveis que não combinam com inovação.

Por mais que não esteja presente no discurso politicamente correto vigente, que valoriza inovações, rupturas e toda sorte de termos que estão na moda, o fato é que a criatividade não é bem-vinda nas empresas consolidadas que rezam pela cartilha da manutenção da estabilidade. Sempre foi assim, e negligenciar o fato de que esse método sempre foi bem-sucedido é um dos erros mais perigosos no processo de transformação cultural de qualquer empresa.

O êxito conquistado por organizações que adotaram, de maneira inquestionável, esse estilo fortalece as convicções de que esse é o modelo de cultura mais adequado para as organizações.

O fracasso dessas mesmas organizações em se adaptar à nova realidade dos negócios e a ascensão de novas empresas que, cada vez mais, ocupam lugar central no tabuleiro corporativo ao adotarem um sistema de crenças distinto, muito mais orientado ao aprendizado, à abertura e à inovação, colocam em xeque a visão tradicional e demandam a adoção de uma nova perspectiva.

Afinal, quais são os elementos de uma cultura organizacional mais alinhada e adequada à quarta Revolução Industrial?

QUESTÕES ESTRATÉGICAS PARA REFLEXÃO

1. Selecione uma organização que esteja familiarizado e conheça em profundidade. Em relação aos estilos de cultura organizacional, qual melhor caracteriza essa organização?

2. Utilizando a mesma referência anterior, quais são os elementos concretos (rituais, crenças e valores) que permitem identificar o estilo cultural preponderante?

3. "A orientação excessiva em resultados é um obstáculo importante ao processo de aprendizagem organizacional e inovação que demandam cooperação e abertura ao novo." Reflita sobre alguma organização que conheça e que tem a Cultura de Resultados como preponderante. Você consegue identificar os riscos em relação ao processo de aprendizado e inovação que essa empresa corre? Como eles se externalizam?

4. Quais os benefícios e os riscos práticos que você enxerga em uma Cultura de Resultados?

5. Faça um exercício e sinalize uma empresa que você conhece para cada um dos estilos de cultura apresentados.

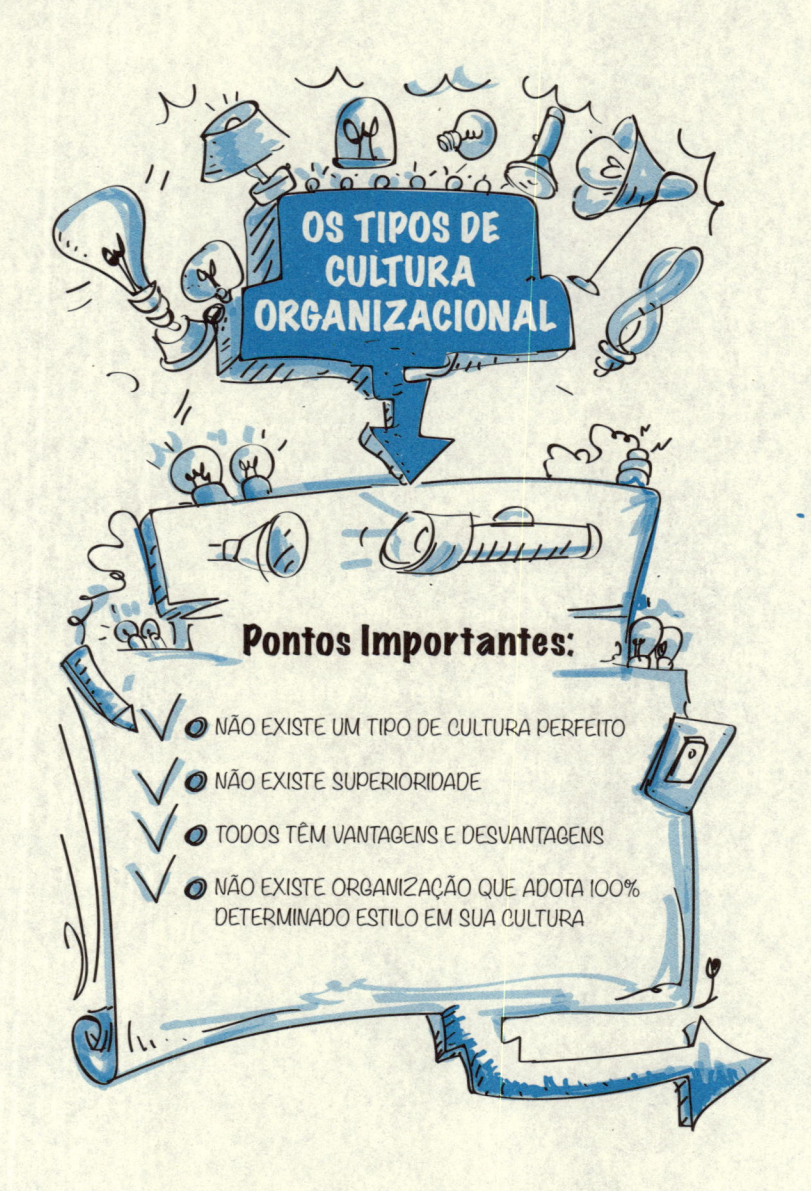

OS TIPOS DE CULTURA ORGANIZACIONAL

Pontos Importantes:

- NÃO EXISTE UM TIPO DE CULTURA PERFEITO
- NÃO EXISTE SUPERIORIDADE
- TODOS TÊM VANTAGENS E DESVANTAGENS
- NÃO EXISTE ORGANIZAÇÃO QUE ADOTA 100% DETERMINADO ESTILO EM SUA CULTURA

Tipos de Cultura

Dois Vetores:

- **INTERAÇÕES PESSOAIS**
  - INDEPENDENTE
  - INTERDEPENDENTE

- **NATUREZA DE RESPOSTA ÀS MUDANÇAS**
  - FLEXÍVEL
  - ESTÁVEL

8 Estilos de Cultura

1. ACOLHIMENTO (ALTA INTERDEPENDÊNCIA, MÉDIA FLEXIBILIDADE)
2. PROPÓSITO (ALTA FLEXIBILIDADE, MÉDIA INTERDEPENDÊNCIA)
3. APRENDIZADO (ALTA FLEXIBILIDADE, MÉDIA INDEPENDÊNCIA)
4. PRAZER (ALTA INDEPENDÊNCIA, MÉDIA FLEXIBILIDADE)
5. RESULTADOS (ALTA INDEPENDÊNCIA, MÉDIA ESTABILIDADE)
6. AUTORIDADE (ALTA ESTABILIDADE, MÉDIA INDEPENDÊNCIA)
7. SEGURANÇA (ALTA ESTABILIDADE, MÉDIA INTERDEPENDÊNCIA)
8. ORDEM (ALTA INTERDEPENDÊNCIA, MÉDIA ESTABILIDADE)

Flávio Pripas é um executivo empreendedor que navegou por diversas companhias da economia tradicional e, como primeiro CEO do CUBO, um dos principais centros de inovação e empreendedorismo do país, teve a oportunidade de interagir com startups e novos negócios. Neste talkshow, conheceremos sua visão sobre a cultura organizacional nesses novos tempos e os desafios do encontro entre os sistemas tradicionais de pensamento com os mais contemporâneos.

Capítulo 3: AS BASES DE UMA CULTURA ALINHADA COM NOSSO TEMPO

Todas as características da sociedade e do atual ambiente empresarial em ebulição passam por adjetivações claras como incerteza, indefinição, imprevisibilidade, instabilidade, entre outros sinônimos. Não é mais necessário reiterarmos essas particularidades, visto que elas estão na essência de nosso projeto.

No entanto, existe uma perspectiva concreta de mercado que é resultante dessa dinâmica que está no centro da reflexão sobre qual perfil de cultura atende ao contexto atual.

Em um ambiente com as características atuais, em que a velocidade das mudanças é um imperativo e os paradigmas anteriores estão sucumbindo diariamente, a organização que for capaz de aprender mais rapidamente é a que tem uma vantagem competitiva sustentável.

O que vai diferenciar os vencedores dos perdedores nessa nova era não será a tecnologia que adotam, o capital financeiro que detêm, mas sim seu desejo de aprender.

Ao longo dos anos, o mundo empresarial viu a consolidação de uma visão que ficou conhecida, em inglês, pelo termo *"The first mover takes all"* (algo como "o primeiro a chegar leva tudo", em português). A lógica desse movimento estratégico é que, para ser bem-sucedida, é necessário que a organização seja a primeira entrante da categoria a qualquer custo.

No final dos anos 1990, período notabilizado pelo primeiro *boom* da internet, essa orientação serviu quase como um mantra com as organizações acelerando, muitas vezes de forma atabalhoada e sem planejamento, seus investimentos para a conquista daquele novo território até então desbravado.

O resultado foi desastroso para companhias tradicionais que acumularam perdas importantes e consolidaram seus prejuízos quando a bolha estourou no início dos anos 2000. Entretanto, a despeito das duras consequências advindas dessa experiência, a lógica da premente necessidade pelo pioneirismo continuou estabelecida como uma verdade absoluta.

Está claro que a velocidade de conquista e o domínio de territórios são imperativos nesse ambiente que justamente se caracteriza pela velocidade. Quem não for capaz de se movimentar com agilidade, cadência e rapidez, estará morto. Quem, no entanto, não for capaz de aprender com os movimentos de mercado, estará morto mais rapidamente ainda.

As companhias vencedoras da nova economia devem ser capazes de aliar velocidade com qualidade. Mais relevante que ser o primeiro, porém, é ser a organização com maior capacidade de aprender com o mercado.

Uma constatação que reforça essa tese é que boa parte das organizações icônicas dessa nova era não foram as primeiras em suas categorias. O Google não foi o primeiro buscador do planeta, a Amazon não foi o primeiro e-commerce, o iPhone não foi o primeiro *smartphone*. Essas empresas, no entanto, aliaram a velocidade de lançar produtos que não eram perfeitos em sua estreia com alta capacidade de aprendizado para evoluí-los de acordo com os *inputs* do mercado.

Essa é uma lógica estratégica totalmente distinta da tradicional que preconiza que é necessário planejar minuciosamente todas as etapas antes de levar um produto ou inovação ao mercado. Antes, era necessário aprender para lançar um novo projeto. Atualmente, é necessário lançar para aprender.

O ambiente das *startups* e do empreendedorismo digital trouxe consigo novos conceitos e práticas que devem ser refletidos e absorvidos no *mindset* de todas as organizações. Um deles diz respeito à alta capacidade de aprendizado proveniente dos *insights* advindos do mercado e dos clientes como vetor de evolução e encaixe dos novos projetos, estratégia fundamental para seu sucesso e mitigação dos riscos.

Uma das formas que essa visão se tangibilizou e notabilizou foi com a visão do Mínimo Produto Viável (MVP, em inglês, *Minimum Viable Product*) promovida por Eric Ries em sua obra *Startup* enxuta. Esse conceito define a necessidade de levar ao mercado a versão mais simples e enxuta de um produto ou serviço com o objetivo inicial de se certificar se aquele projeto é ou não promissor. O MVP nada mais é que uma tese levada ao mercado para ser validada ou não por seus clientes, os verdadeiros "juízes" dessa jornada. Não é a melhor versão possível do produto ou do serviço que deve ser apresentada, e sim aquela minimamente necessária para ocupar um espaço valioso em determinado território.

Um dos maiores êxitos empresariais da história da humanidade, protagonizado pela Apple e por Steve Jobs, ajudam a entender essa tese. Não são muitos os que se recordam que o Iphone não foi o primeiro *smartphone* do planeta. Quando de seu lançamento, em 2007, já existiam produtos similares consolidados com destaque para o BlackBerry, da RIM, que se transformou em um fenômeno, principalmente, no mercado corporativo (remonta dessa época os primeiros casos de tendinite no movimento dos dedos proveniente do movimento frenético de acesso ao diminuto teclado desses aparelhos).

Quando a Apple lançou a primeira versão do iPhone – e isso ficou claro durante sua evolução –, o produto era recheado de imperfeições e *bugs*, porém haviam funcionalidades importantes a serem validadas que, se consagradas, representariam um novo paradigma de produto. Uma delas – talvez a principal – foi a tela *multi-touch* que substituía os, até então, tradicionais teclados físicos. O conceito por trás desse desenvolvimento é que, com essa nova funcionalidade, haveria uma maior otimização da tela do equipamento que poderia ser utilizada por inúmeras atividades, e não apenas como visor.

Vale ponderar que Jobs já enxergava a perspectiva da popularização indiscriminada do acesso à internet e que esse fenômeno chegaria aos celulares demandando mais espaço de interação para o usuário com a interface web.

O resultado todos nós já sabemos de cor e salteado: a despeito de ter um produto incompleto, a Apple conseguiu validar sua tese e, a partir daí, acelerar seu processo de aprendizado para levar seu produto principal, o iPhone, ao panteão do produto mais rentável de toda história da humanidade.

Todo aprendizado proveniente dessa experiência foi utilizado na construção da mais vibrante plataforma de negócios existentes no planeta com a integração dos aplicativos na Apple Store (cuja origem foi a integração com o iTunes advinda do lançamento do iPod) e a expansão da capacidade do produto que extrapolou o conceito primário do que era conhecido como um aparelho celular.

A construção de um novo paradigma nos negócios, responsável por levar a companhia a ser a mais valiosa do mercado, esteve e está ancorada na alta capacidade de aprender contínua e velozmente com o mercado respondendo às suas reações de forma assertiva. Só mesmo com uma cultura corporativa que entende o aprendizado como parte essencial de seu crescimento é possível instilar essa mentalidade perante toda organização.

Nesse novo ambiente, a lógica do *The first mover takes all* deve ser substituída pelo *The first learner takes all* (algo como "o primeiro a aprender leva tudo", em português). Mais importante que lançar o projeto perfeito é a capacidade de a organização aprender continuamente para incrementar suas qualidades e superar as expectativas do mercado.

Um dos efeitos colaterais virtuosos da adoção dessa orientação e visão é que a maior capacidade de aprendizado da organização se traduzirá em uma maior velocidade no processo de tomadas de decisões e respostas às demandas, cada vez mais rápidas e caóticas do ambiente.

As rápidas transformações do mercado acabaram com a estabilidade que até então dava as cartas. Se no passado as empresas

AS BASES DE UMA CULTURA ALINHADA COM NOSSO TEMPO | 71

concorriam com outras empresas de seu setor, atualmente, elas competem com as transições de mercado, tecnologias inéditas e novas possibilidades. Rupturas acontecem em toda economia derivadas de novas empresas, soluções e possibilidades que emergem de todos os lados.

As companhias e os líderes que não conseguirem fazer uma leitura rápida dessas transições estão fadados ao fracasso em espaço de tempo cada vez mais curto. Se ficarem focados apenas em seus concorrentes, correm o risco de morrerem abraçados irremediavelmente.

John Chambers, em sua supracitada obra, *Connecting the dots*, exemplifica essa tese com um case de um empreendedor, que também já foi citado por aqui, que remonta há quase um século, mas que guarda referências para lá de atuais: a trajetória de Thomas Edison.

O virtuosismo e a inquietude do inventor/empreendedor são conhecidos por todos, afinal, ao longo de sua jornada lançou cerca de 1.050 patentes. A despeito de sua invenção mais popular ser a lâmpada elétrica, Edison era um inventor prolixo e lançou diversos equipamentos como o fonógrafo (depois aperfeiçoado por Graham Bell e Charles Tainter), uma válvula que foi a precursora das válvulas de rádio, um acumulador de energia (bateria), o cinescópio (um dos aparelhos que permitiria o nascimento do cinema), entre tantas outras inovações.

Edison não baseava seu processo inovativo nas soluções já existentes ou na tentativa de incrementar o que já estava consolidado. Seu foco estava centrado em desenvolver possibilidades inovadoras não existentes para novas demandas que emergiam de uma sociedade em ebulição. Para dar vazão a todo seu ímpeto inovador, desenvolveu um método que servia para atender às mudanças de mercado e fazer escolhas sobre onde colocar sua energia e definir suas prioridades.

O inventor não estava competindo com empresas que forneciam energia quando inventou a lâmpada elétrica. Ele estava em busca de um novo paradigma de mercado que representasse uma ruptura no modelo existente. A lâmpada elétrica não é uma evolução da vela ou da energia a gás. Ela representou um inédito modelo de desenvolvimento para toda categoria inaugurando um novo mercado.

A contemporaneidade desse exemplo é espantosa mesmo nos remetendo ao início dos anos 1900. O paralelo com aquela sociedade que testemunhava o avanço tecnológico em diversas frentes como a nossa, nos traz indícios da pertinência dessa comparação.

É fundamental observar os movimentos dos concorrentes, orientar seu foco e aprender com as transições de mercado, especialmente com as novas tecnologias e os modelos de negócios que emergem a cada dia.

Todas essas peculiaridades dirigem à demanda pela adoção de uma cultura que esteja alinhada com essa nova realidade. Uma que seja muito mais flexível, uma vez que as verdades absolutas ruíram; muito mais aberta ao exterior, posto que as respostas estão presentes no exterior da organização; cooperativa, pois o novo ambiente envolve conhecimento multidisciplinar e opiniões complementares, sem preterir da ação individual; e, sobretudo, uma nova cultura que seja muito aberta ao aprendizado.

Uma cultura de aprendizado é o estilo mais alinhado com a contemporaneidade e responde à demanda por um sistema de crenças altamente inovador e aberto às mudanças. A principal vantagem desse estilo é que ele incentiva a inovação, a agilidade e o aprendizado organizacional, atributos valorizados e requeridos nesse novo ambiente de negócios.

O êxito no processo de migração para esse estilo tem como protagonistas principais os líderes do negócio. Na medida em que é valorizada a ação individual ao mesmo tempo que é requerido um pensamento multidisciplinar, o líder é que vai garantir a coesão e a integração do pensamento e das iniciativas, conectando todas as frentes do negócio.

Sem essa amálgama, não há integração e fortalecem-se os feudos, um dos maiores obstáculos para qualquer transformação. A cultura de aprendizado pressupõe a desmobilização de silos e dos espaços de poder autocráticos. Favorece a importância da diversidade de ideias entre todos os colaboradores do negócio, visto que, do contrário, será gerada uma barreira para a exploração de novas perspectivas e para o aprendizado.

Em contrapartida, é imperativo que se analisem os riscos de uma cultura que enfatiza em excesso o aprendizado. Esse estilo, com muita preponderância, pode levar à falta de foco e à incapacidade de explorar as vantagens existentes da organização, ou seja, é a antítese da cultura de resultados.

Esse risco nos leva a um modelo que adote, predominantemente, traços do estilo da cultura de aprendizado e absorva alguns pontos fortes da cultura de resultados, sobretudo a disciplina do modelo de execução e orientação ao ambiente externo.

A principal antítese entre esse estilo cultural e o de resultados reside na flexibilidade, requerida na de aprendizado, em relação à estabilidade, presente na primeira. A sinergia entre as duas, por sua vez, reside na independência das interações interpessoais, visto que ambas valorizam a autonomia de seus colaboradores.

É nesse espaço de confluência entre os dois estilos que organizações e líderes devem refletir para construir um modelo que seja particular, que não deixe de ter sua identidade própria, mas que também absorva esses elementos para consolidar um novo sistema de crenças e valores.

Cabe uma observação relevante acerca dessa proposição que diz respeito ao propósito. Atualmente, a sociedade e seus indivíduos clamam e demandam, cada vez mais, por uma visão corporativa orientada à criação de valor a todos os seus stakeholders. Não é à toa que há uma valorização explícita do engajamento com organizações que seguem essa cartilha.

Mais do que um traço cultural, as companhias e seus líderes devem evidenciar e se comprometer com decisões que contribuam para essa jornada. Essas organizações serão recompensadas com o engajamento e o comprometimento de seus *stakeholders* com seu negócio e, quando isso não ocorrer, punidas com seu desprezo.

Evidencia-se, dessa forma, que a visão clara acerca do propósito de uma organização deve fazer parte de sua cultura, independentemente de seu estilo preponderante.

Assim, construímos uma visão ancorada em uma cultura de aprendizado orientada a resultados e guiada por um claro senso de propósito que é o principal norteador de sua evolução.

O êxito da incorporação desse sistema está também relacionado a outra perspectiva. A visão do negócio. É imperativo que exista um claro alinhamento da cultura com a estratégia e o modelo de negócios da organização. A cultura organizacional é a instância que envolve toda a malha corporativa, por esse motivo, ela deve estar totalmente alinhada à estratégia corporativa e vice-versa.

Não adianta tentar forjar uma nova cultura que tenha como fundamento o novo ambiente empresarial se essa orientação estiver desalinhada com a visão estratégica do negócio e seus artefatos como estrutura, processos etc.

O perfil da cultura almejada deve considerar um espectro abrangente que leve em conta todos os elementos da organização, como o perfil de seus colaboradores, sua vocação mercadológica, seus diferenciais, entre outros.

Mesmo respeitando as características intrínsecas e tradicionais da organização, esses elementos não podem ser impeditivos para a mudança. É necessário que sejam encarados como fatores a serem gerenciados, e não como obstáculos instransponíveis. Se os elementos são encarados como intransponíveis, certamente não haverá mudança, e já enumeramos aqui os riscos de não mudar.

Há um aspecto particularmente sensível nessa reflexão que não pode ser negligenciado, que diz respeito ao crescimento das organizações e seu porte. Com a expansão, a empresa tem a demanda por privilegiar o desenvolvimento de estruturas que garantam o funcionamento íntegro de seu negócio em um novo patamar de complexidade operacional. É inevitável que a estabilidade seja um dos objetivos almejados para evitar o caos generalizado que pode comprometer a evolução de todo o projeto.

> Não adianta tentar forjar uma nova cultura para o negócio que tenha como fundamento o novo ambiente empresarial se essa orientação estiver desalinhada com a estratégia do negócio e seus artefatos como estrutura, processos etc.

Essa dinâmica traz questionamentos sobre como a cultura das organizações dessa nova era evoluirá na medida em que migram de "empresas de garagem" com poucos colaboradores para organizações com dezenas de milhares de funcionários.

A estratégia da Amazon e da Netflix oferece referências sobre formas de conduzir esse desafio.

Como garantir a força da cultura organizacional de aprendizado em uma expansão acelerada

É evidente que, quando uma organização surge, sua cultura reflete as crenças e os valores de seu fundador. Ele é seu principal artífice e, por isso, a empresa tende a ser sua imagem e semelhança.

Com o passar dos anos e a consolidação do negócio, a cultura absorve novos elementos provenientes de suas interações com o mercado e com outros agentes, bem como práticas adotadas pela organização que vão se consolidando com o tempo.

Esse processo não foi diferente com a Amazon, uma vez que a expansão do negócio chegou a números e velocidade espantosos. Em 2008, a organização empregava vinte mil funcionários; em 2012, passou para 81 mil; e, em 2018, atingiu a impressionante cifra de cerca de 650 mil empregos.

A Amazon tem o quádruplo do quadro de funcionários da Microsoft. É maior ainda que a soma dos empregados da Alphabet, da Apple, da Intel, da Oracle, do Facebook e da Microsoft, algumas das maiores organizações da atualidade.

Desde o início de seu negócio, Jeff Bezos, fundador da Amazon, sempre fez questão de evidenciar a importância da cultura organizacional, do fortalecimento do sistema de crenças e valores da organização para seu crescimento e sustentabilidade.

Em uma de suas cartas aos acionistas, publicada em 2016, Bezos retoma, explicitamente, a relevância do tema quando comenta que "a cultura de uma empresa é criada devagar, ao longo do tempo, pelas pessoas e pelos eventos. Para o bem ou para o mal, é algo estável, duradouro e difícil de mudar".

Essa visão ajuda a entender como o empreendedor estabeleceu métodos para criar a cultura adequada para seu negócio, pois tinha a convicção de sua importância e dos efeitos de sua consolidação. Com esse fim, adotou uma série de artefatos para sedimentar e fortalecer as crenças almejadas por todos na organização.

Além das cartas aos acionistas, a Amazon fortaleceu sua visão por meio de estratégias como a definição do nome de um de seus prédios principais, que se chama *Day One*. Essa estratégia tem como objetivo lembrar aos colaboradores da organização que todos os dias devem ser como o primeiro dia da existência da companhia.

Um artefato que se tornou muito conhecido e popular é o ritual das reuniões que acontecem na empresa. Elas não são baseadas em apresentações em PowerPoint ou sistema similar. Todas começam com meia hora de leitura silenciosa de seis páginas de texto preparadas por quem vai conduzir o encontro. Bezos comenta que "quando você tem de expressar suas ideias em frases e parágrafos completos, precisa ter clareza sobre suas ideias". Esse ritual fortalece as crenças da organização acerca do que é almejado para cada colaborador.

Outro ritual presente nas reuniões que transmite uma mensagem muito poderosa é que, em todas elas, é necessário reservar uma cadeira vazia. Esse assento é destinado a um dos personagens mais importantes para o negócio, mas que não está presente fisicamente: o cliente. Aquele local em destaque contribui para que em todas as discussões se reflita sobre o papel e a influência dele nas decisões.

Outra estratégia utilizada pela organização para consolidar seu sistema de crenças são os "Princípios de Liderança" da Amazon. Uma análise atenta a eles permite identificar traços relevantes da cultura organizacional da empresa como a obsessão pelo cliente, o foco em ações de longo prazo, o compromisso com a inovação constante, a prática de gestão espartana dos custos (fazer mais com menos), a valorização da realização e a superação das metas, o alto nível de exigência quanto ao desempenho de seus líderes e assim por diante.

Alguns desses traços geram polêmicas e eternas discussões a respeito do ambiente de trabalho da organização, de suas vantagens e desvantagens. A evolução da organização, no entanto, mostra que essa cultura tem sido bem-sucedida e é uma das responsáveis pela evolução vertiginosa da companhia nos últimos anos.

A cultura da Amazon é predominantemente de aprendizado, porém traz elementos importantes da cultura de resultados, em uma integração desses dois vetores. Isso permite abertura e valorização da inovação, ao mesmo tempo que não se perde a perspectiva de uma estratégia de execução eficiente orientada à geração de resultados para o negócio.

O caso da Netflix se diferencia do da Amazon, pois não houve nenhum processo formal para que a companhia construísse uma cultura intitulada como "cultura sem processos formais".

Em 2009, Reed Hastings, fundador e CEO da companhia, e Patty McCord, sua antiga *Chief Talent Officer*, publicaram uma apresentação de 124 *slides* intitulada *Cultura Netflix: liberdade com responsabilidade*. O documento, que viralizou na internet e já teve mais de dezoito milhões de visualizações, detalha a cultura de performance e inovação da organização.

McCord publicou posteriormente o livro *Powerful: building a culture of freedom and responsability*, em que conta sua experiência à frente da área de pessoas do negócio. Ele relata que o único objetivo da companhia é atrair "adultos completamente formados", ou seja, funcionários autossuficientes que se sintam responsáveis pela empresa.

Enquanto criava essa cultura, McCord certificou-se de não receber influência de outras organizações, ou seja, para descobrir o que funcionaria para a Netflix, fechou-se para o mundo e investiu muito em experimentação.

Esse é um atributo fundamental na caminhada rumo à formação de uma cultura. A mudança só acontece com atos concretos que são mais importantes que estudos teóricos e teses.

> A mudança só acontece com atos concretos que são mais importantes do que estudos teóricos e teses. É necessário ousar, praticar e aprender com as reações do grupo.

É necessário ousar, praticar e aprender com as reações do grupo. Esse foi um dos mantras dos líderes da Netflix.

Além do já exposto *Documento Netflix*, em que é possível observar as diretrizes de sua cultura, McCord aplicou o que chama de quatro princípios-chave em sua estratégia. Esses princípios foram expostos em artigo publicado na revista *HSM Management* (edição 119):

a) Jogar fora os manuais de gestão:
   - Seguir muitos ritos burocráticos pode inibir a inovação, na medida em que os funcionários devem ter aprovações formais de seus líderes para avançar. Pode ser tarde demais.

b) Pensar como um treinador esportivo:
   - "Somos uma equipe. Não uma família." Essa lógica evita o paternalismo na organização.

c) Ligar benefícios a propósitos:
   i. Alguns benefícios populares nas empresas de tecnologia, como redes de dormir no local de trabalho e c*hefs* de cozinha particulares, são o caminho para o ridículo. Em vez disso, é necessário conectar os benefícios aos valores da organização.
   ii. Os benefícios são criados para tornar as pessoas mais felizes no trabalho, mas não se chega a lugar algum só oferecendo mais coisas a elas.

d) Ter funcionários inexperientes e ser franco com eles:
   - Para que sempre se corra riscos, a Netflix recomenda incluir amadores na equipe, deixando claro, no entanto, que, se as ideias deles não derem certo, será feito o melhor para a empresa.

É importante observar como os traços culturais e de identidade da cultura Netflix são distintos dos da Amazon. Entretanto, da mesma forma, trata-se de uma cultura de aprendizado que

> A construção de uma cultura de aprendizado é resultante da adoção da soma das crenças individuais de cada colaborador da organização que resultará em um pensamento coletivo, um sistema de crenças, aliado com essa visão.

absorve traços da cultura de resultados, sobretudo quando valoriza o valor do alto desempenho e do foco em resultados no *Documento Netflix*.

Atualmente, a Netflix tem valor de mercado superior a 150 bilhões de dólares (dados da soma do valor de suas ações em 2018), o que lhe confere a posição de maior empresa de entretenimento e mídia do planeta, superando em valor de mercado empresas lendárias como a Disney e a Comcast.

Esses dois exemplos mostram claramente como o fortalecimento da cultura da organização é o que garante a possibilidade de uma expansão acelerada do negócio sem que se perca sua essência. A cultura organizacional da Amazon e da Netflix é a liga do crescimento exponencial das duas empresas. Existe, nesse sistema, um elemento presente no sistema de crenças dessas companhias que as impulsiona de forma singular. A visão do propósito dessas organizações é translúcida, transparente e enunciada com muita regularidade. O que se destaca, no entanto, é a natureza dessa visão. Não é uma orientação trivial a construção de um negócio longevo. Trata-se de uma visão ambiciosa do propósito da organização. Esse é um dos principais vetores de mobilização de seus colaboradores e princípio-chave para seu engajamento com a organização e sua visão de mundo.

É esse senso de propósito o responsável por instilar uma visão ambiciosa junto a todos os profissionais desse coletivo, permitindo que seja aliada uma perspectiva individual de identidade com a causa em perder a visão do todo. Pessoas ambiciosas necessitam de desafios do tamanho de seus anseios para atuarem em alta performance e, principalmente, não se desestimularem e procurarem outros caminhos para investir seu potencial.

Benjamim Barber, importante cientista social, afirmou que "Eu não divido o mundo entre fracos e fortes, os bem-sucedidos dos malsucedidos... Eu divido o mundo entre os indivíduos que aprendem daqueles que não aprendem". Ou seja, a construção de uma cultura de aprendizado é resultante da adoção da soma das crenças individuais de cada colaborador da organização que resultará em um pensamento coletivo, um sistema de crenças, aliado com essa visão.

A chave para a mudança cultural é o empoderamento do indivíduo. Por esse motivo, não podemos deixar de fora da reflexão sobre transformação das organizações e sua cultura o olhar para o indivíduo e seu sistema de crenças.

O *growth mindset*

Um dos estudos mais instigantes da atualidade sobre os impactos da mentalidade de indivíduos no ambiente empresarial foi liderado pela professora de Psicologia da Universidade de Stanford, Carol Dweck, e apresentado no consagrado best-seller *Mindset: A nova psicologia do sucesso*.

Curioso observar que essa obra foi publicada, orginalmente, em 2006, ou seja, há cerca de treze anos, porém só mais recentemente foi descoberta pelo mundo corporativo e tem influenciado de forma decisiva empreendedores e executivos globalmente com destaque àqueles dos setores de tecnologia e do Vale do Silício. Líderes como Satya Nadella, CEO da Microsoft, delegam ao projeto de Dweck local central na bem-sucedida formação de seu sistema de pensamentos e mobilização de suas organizações e seus colaboradores.

A citação de Benjamim Barber foi extraída dessa obra e está alinhada com a tese central de Dweck que reitera que o mundo é divido entre as pessoas que são abertas ao aprendizado e aquelas que são fechadas. Esse comportamento afeta todas as dimensões da vida do indivíduo desde sua visão do mundo até suas relações interpessoais.

A autora denomina indivíduos com o *fixed mindset* aqueles resistentes ao aprendizado. O efeito desse modelo mental fechado e inflexível é que essas pessoas tendem a acreditar que nenhuma personalidade ou inteligência está sujeita à mudança. Como em uma profecia que se autorrealiza em um ciclo que se retroalimenta, esses indivíduos fazem questão de provar sua tese constantemente em todas situações que se defrontam.

Por outro lado, os indivíduos que adotam o chamado *growth mindset* assumem um sistema de pensamentos frontalmente oposto ao acreditar que podem incrementar ou alterar suas características pessoais o tempo todo e é dessa convicção que emerge a crença no aprendizado como o vetor primordial desse comportamento. Quem está alinhado com esse perfil, acredita que existem oportunidades de crescimento em todas as situações, mesmo durante tempos de crises ou desafios.

Como tem a crença na mudança, esses indivíduos acreditam que suas habilidades podem ser incrementadas continuamente e estão mais predispostos à evolução constante de seus talentos. Por isso, amam aprender e sentem-se frustrados quando estão em ambientes que não propiciam o desenvolvimento constante de seu potencial.

Indivíduos com *fixed mindset* se familiarizam melhor com ambientes estáveis com poucas mudanças, o oposto para os com *growth mindset* que não só procuram desafios a todo momento como prosperam com eles.

O leitor já deve ter se dado conta dos riscos de um comportamento resistente a mudanças em um ambiente como o atual que justamente se caracteriza pela velocidade com a qual elas acontecem. Um comportamento alinhado ao *fixed mindset* pode ser um desastre em um contexto como o de hoje, pois a tendência é por continuar fazendo as coisas como sempre foram feitas e resistir, com unhas e dentes, ao novo.

Esse risco não se resume ao desenvolvimento de indivíduos. Organizações, ao refletirem o sistema de crenças e mentalidade de seus colaboradores, também podem adotar uma cultura que seja de *fixed* ou *growth mindset*.

É evidente que a cultura adequada à atualidade, tal qual enunciada até aqui, está alinhada com uma mentalidade de crescimento que entenda a mudança como parte da dinâmica atual e abrace o aprendizado como recurso fundamental do crescimento organizacional e de seus indivíduos.

A ambição pelo desenvolvimento e pela evolução constante do projeto está no centro da expansão das organizações mais bem-sucedidas e reluzentes da atualidade, algumas já citadas por aqui como Apple, Amazon, Netflix, Microsoft, entre tantas outras. Mais do que um desejo, essa ambição arrojada, audaciosa que se expressa em uma visão transformadora do propósito da companhia é altamente mobilizadora e é um ímã para indivíduos que almejam realizações extraordinárias.

Por outro lado, organizações que privilegiam uma cultura fechada, hermética, resistente à mudança, que tem a crença central de que a melhor forma de fazer as coisas é como elas já são feitas, não oferecendo espaço a novos estímulos, *insights* e perspectivas, está fadada ao fracasso no curto prazo.

Paradoxalmente, essas organizações podem até ter uma imagem de serem companhias que valorizam a inovação em seu negócio. No entanto, em geral, a predileção é por inovações incrementais que têm como foco a melhoria contínua de seus produtos ou serviços já existentes. Como posicionado na Introdução, a maioria das organizações, que sucumbiram nos últimos anos, não falharam apenas por fazer as coisas erradas. Falharam, sobretudo, por fazer a mesma coisa certa durante muito tempo.

A inovação incremental é fundamental para a evolução da companhia. No entanto, se a organização apenas se orientar a essa frente, certamente, fracassará sugada pelas transições de mercado que definem novos paradigmas de negócios em espaços cada vez mais curtos de tempo.

A cultura organizacional em linha com a atual realidade dos negócios traz consigo o *growth mindset* como uma mentalidade que deve contagiar todo sistema de pensamentos da organização, partindo do indivíduo para o coletivo.

Até então, nos dedicamos a construir a visão dos elementos dessa cultura partindo de uma reflexão dos recursos que estão no interior da organização. Há, no entanto, uma dimensão que está presente em sua fronteira externa que é essencial nessa nova construção: o cliente.

Customer centricity: o conceito fundamental para uma cultura bem-sucedida

Existem terminologias nativas de seus idiomas que são tão precisas em sua conceituação original que carecem de uma tradução que as representa em sua integridade. Enquadra-se nessa categoria o termo, em inglês, *customer centricity*. Em uma tradução literal, ele significa algo como "centralidade no cliente". Mais relevante, no entanto, que essa interpretação é a leitura de seu significado. Essa conceituação está focada na perspectiva de colocar o cliente no centro da jornada de valor de toda corporação de forma irremediável.

Mais do que uma adoção semântica, essa visão traz consigo a adoção de uma cultura corporativa que entende que todo seu sistema de criação de valor emerge do cliente e é arquitetado para ele.

Em português, guarda paralelo com a visão no foco no cliente, porém vai mais longe que essa interpretação. Não é de hoje que temos reiterado a relevância dessa orientação empresarial. Na obra *Gestão do amanhã*, enunciamos o "foco no cliente, cliente, cliente..." como uma das novas competências indispensáveis ao sucesso do líder nessa nova era.

É possível que o leitor esteja indagando que essa visão não é nada original, afinal, o conceito de relevância do cliente para os negócios é cantado em prosa e verso há décadas por todos os especialistas do ambiente empresarial.

O fato concreto, no entanto, é que por trás do discurso politicamente correto de valorização do cliente, estão as estratégias corporativas que sempre forem construídas visando aumentar o poder de barganha das companhias a fim de ter uma relação de poder mais favorável com esses agentes. Em português claro: as organizações sempre procuraram ter mais força que seus clientes e aferir ganhos importantes desse desequilíbrio no balanço de forças. Uma das tangibilizações mais claras dessa estratégia é a busca incessante das empresas por vantagens competitivas que permitam uma posição mais favorável na cadeia de valor, tornando as vontades dos clientes irrelevantes como quando acontece na formação de monopólios.

Esse é um mundo em extinção. O avanço tecnológico e a globalização (cuja velocidade também é resultante da onipresença da tecnologia) formaram um novo ambiente empresarial onde florescem novas organizações e soluções a cada dia. Essas novas possibilidades se traduzem em novas opções aos clientes que têm seu livre-arbítrio de consumir o que deseja cada vez mais em evidência.

Empresas e líderes devem adotar uma cultura que foque sua atenção na evolução do comportamento de seus clientes para que possam fazer uma leitura adequada das transições de mercado.

Todas as organizações, sem exceção, vencedoras dessa nova era têm como orientação colocar o cliente no centro de suas ações. Isso não as afasta da estratégia de obter um bom posicionamento em suas cadeias de valor, sobretudo, por meio de aquisições de novas empresas. Essas duas estratégias, porém, não são excludentes. Pelo contrário, devem ser adotadas de forma integrada, alinhada à cultura corporativa que instilará a visão de centralidade no cliente como um comportamento e posturas irremediáveis para todos os colaboradores do negócio.

Mais do que uma fala bonita, é necessário alçar o cliente à posição central em todo sistema de valor da organização. Nessa nova era, empoderar o cliente é sinônimo de empoderamento do negócio.

A boa notícia é que a tecnologia permite o desenvolvimento de iniciativas que potencializam as possibilidades de forma inédita. No *Gestão do amanhã*, exemplificamos essa visão com um caso relatado na revista norte-americana *Wired* em um artigo, no qual comparou como duas empresas gerenciam uma iniciativa usual na indústria automobilística: o *recall* de problemas identificados em automóveis já disponibilizados ao público.

Os dois casos relatados no artigo dizem respeito a problemas que podem gerar incêndios em determinados lotes de automóveis de duas organizações do setor: a GM e a Tesla.

No caso da GM, foi realizada a estratégia tradicional em casos similares com a divulgação de forte campanha em todos os meios de comunicação, informando que os proprietários de determinados lotes de automóveis deveriam comparecer às concessionárias de sua rede para proceder à correção do problema. Esse procedimento leva um tempo para ser adotado e apenas pode acontecer fisicamente nos locais apontados pela empresa.

A Tesla, por sua vez, adotou outra estratégia para o mesmo problema enviando um comunicado a seus clientes, no próprio *display* do automóvel, apenas informando que estaria disponível uma atualização, no software de gestão do produto, para resolver o problema previamente identificado. O cliente poderia baixar imediatamente essa atualização ou programar para quando desejasse, bastando, para isso, estar conectado a uma rede Wi-Fi. Assim, não foi necessário que o proprietário se deslocasse a nenhum ponto físico para a realização desse procedimento.

A Tesla está construindo uma nova referência no relacionamento com seus clientes, oferecendo um novo significado ao conhecido *recall* de automóveis. Não é necessário ser muito esperto para imaginar o efeito que esse simples procedimento cria na mente de um consumidor que está, tradicionalmente, habituado a um procedimento convencional que gera muito desconforto que impacta toda sua rotina.

Essa intimidade com o cliente só é possível graças à disponibilidade de tecnologia, porém ela parte de uma cultura que acredita na necessidade de aumentar a conexão da organização com seus consumidores, criando assim uma nova dimensão de vantagem competitiva em relação a seus concorrentes.

Uma organização que foi desacreditada por todos pelo fato de ter tomado decisões estratégicas erráticas e, mais ainda, por atuar em um setor dominado pela gigante Amazon, mostra que a tecnologia é um meio para a adoção dessa mentalidade, e não a única solução para colocá-la em prática.

O ano 2012 foi o ápice do declínio da Best Buy, uma das maiores empresas do varejo norte-americano especializada em eletrônicos. A tempestade perfeita estava armada. Depois de anos de um ataque feroz em seu modelo de negócios pela Amazon e avanço do comércio eletrônico, em março daquele ano relatou perdas da ordem de 1,7 bilhões de dólares em um único trimestre e, como se não bastasse, viu seu CEO ser afastado compulsoriamente da companhia em razão de um relacionamento impróprio com uma colaboradora em um processo ruidoso que só serviu para baixar ainda mais a moral de uma equipe já combalida com o receio eminente da falência do negócio. O mercado, principalmente, acionário já tinha dado seu veredito: a Best Buy estava morrendo lentamente. O último apaga a luz.

Nesse ano, depois do afastamento do fundador da companhia e seu maior acionista, Richard Schulze, da posição de *chairman*, o Conselho da empresa contratou Hubert Joly para a posição de CEO. O mercado financeiro enxergou esse passo com descrédito, visto que o executivo não tinha experiência no varejo. Como consequência, as ações da companhia despencaram mais de 10% no dia do anúncio de sua contratação.

Joly encontrou um cenário devastador: as lojas estavam com problemas de manutenção; a equipe, complacente com o declínio do negócio, estava paralisada; os executivos mais leais eram questionados por seus parentes sobre o motivo de eles continuarem acreditando na companhia e não a abandonarem; o valor das ações caindo; e, para manter alguma lucratividade, a empresa desistiu de ser um competidor por preços. Como consequência, testemunhava o crescimento avassalador da Amazon que conquistava seus clientes e seu prestígio dia a dia.

Todas as previsões catastrofistas, no entanto, falharam. Seis anos após sua posse, Joly está à frente de uma organização cujo valor das ações quadruplicou desde quando assumiu a posição de CEO, as vendas das lojas crescem consistentemente e os colaboradores estão mais felizes do que nunca. Atualmente, a empresa conta com mil lojas nos Estados Unidos e mais de 125 mil colaboradores. A evolução da companhia não passou despercebido nem mesmo pelo temível competidor. Em artigo publicado na revista *Bloomberg Businessweek*, em julho de 2018, é mencionado um comentário de Jeff Bezos, fundador da Amazon, quando afirmou que "os últimos cinco anos, desde que Hubert ingressou na Best Buy, têm sido notáveis".

Como explicar uma virada de mesa tão expressiva quanto essa em um setor em que sua principal concorrente só ganhou espaço nos últimos anos e que foi um dos segmentos mais impactados pelo comércio digital?

A cultura de centralidade no cliente está por trás dessa revolução liderada por Joly à frente do negócio.

Ao assumir um negócio com tantas ameaças à sua evolução, o novo CEO tomou a decisão estratégica de se diferenciar de seus concorrentes por meio de um atendimento superior a seus consumidores. Joly resolveu promover seus clientes ao centro de sua jornada de criação de valor.

Uma das principais ações em que ancorou essa visão foi na preparação de uma equipe especializada que tem como principal foco resolver todos os problemas de seus clientes relacionados a seu universo.

Para viabilizar essa escolha estratégica, o novo líder aproveitou-se de uma aquisição realizada em 2012 por um de seus antecessores, a Geek Squad, *startup* especializada em prestar suporte na instalação de equipamentos tecnológicos em residências, lojas, por telefone ou on-line.

Essa equipe foi a origem dos agentes Best Buy que se intitulam como *in-home advisors* (algo como "conselheiros domiciliares"), profissionais especializados na instalação e nos reparos em equipamentos diversos como TVs, sistemas de som, refrigeradores, máquinas de lavar, câmeras de segurança, alarmes, portões de garagem, alarmes de incêndio, além dos assistentes pessoais Amazon Echo, Google Home e Apple HomePod.

Os agentes da Geek Squad Best Buy vão onde o cliente estiver e atuam como seus assistentes pessoais de tecnologia, auxiliando-lhes a tornar suas residências mais inteligentes ou funcionais por meio da aplicação de tecnologia de ponta embarcada nos produtos que comercializam.

O foco desses profissionais, que se reflete no novo posicionamento da organização, é a de construção de relacionamento de longo prazo com seus clientes e não são orientados a transações de curto prazo. Um dos mantras presentes em todos os treinamentos desses profissionais é que são consultores, e não vendedores.

Essa visão define toda a estratégia corporativa da empresa que definiu que atender e superar as expectativas de seus clientes é o principal elemento de diferenciação em relação a seus concorrentes, sobretudo os digitais. Aumentar a intimidade com seus clientes foi o ponto-chave da virada.

Essa visão contaminou tanto a organização que outras ações estratégicas foram tomadas mesmo correndo o risco de canibalizarem o negócio principal da empresa.

Surpreendentemente, logo após sua posse, Joly aparece em uma das lojas da Best Buy ao lado de Jeff Bezos para anunciar uma *joint venture* entre as empresas. A Amazon Fire TV seria vendida com exclusividade nas lojas Best Buy e no website da Amazon. A empresa resolveu "dormir com o inimigo".

Além disso, acelerou a implantação dos *showrooms* de outras marcas em suas lojas. Nesses espaços, empresas como Apple, Samsung, Microsoft, Sony, Google e a própria Amazon expõem e apresentam seus produtos aproveitando o fluxo de consumidores da empresa. Para ganhar escala rapidamente nessa estratégia, a empresa aproveitou-se de seu posicionamento imparcial: o fato de a Best Buy ser uma organização neutra lhe permite atrair todas as principais organizações do setor, gerando um novo atrativo para a visita de seus clientes a seus pontos de vendas físicos. A Amazon não vende o Google Home e oferece seleções limitadas no Google Nest em sua plataforma por serem rivais. A Best Buy pode trabalhar com as duas marcas sem problemas.

A despeito do comportamento eminente dos consumidores utilizarem seus *showrooms* para testarem os produtos desejados e os adquirir em outros sites que não sejam o da Best Buy, a empresa entende que é mais conveniente trazer o cliente para seu espaço, mesmo correndo esse risco do que afastá-lo de seu negócio. Ao mesmo tempo em que gera atratividade para visita às lojas com essas marcas, gera proximidade com seus clientes permitindo que sejam promovidas conversas reais aumentando a intimidade e a profundidade da relação, o que vai diferenciar a organização dos relacionamentos digitais. A possível perda de captura do valor da transação é compensada com a possibilidade de um relacionamento de longo prazo com esses agentes.

Essa estratégia traz consigo, também, um elemento que, se outrora era concebido como um obstáculo ao crescimento das organizações de varejo, atualmente, passa por uma ressignificação em razão da perspectiva de fortalecimento na relação com seus clientes: o espaço físico.

A Best Buy tem mil pontos espalhados por todo território norte-americano. A Amazon não tem essa capilaridade. Além de gerar proximidade com seus clientes na exposição de seu portfólio, essas lojas têm sido utilizadas como minicentros de distribuição para atender aos pedidos on-line com rapidez. O cliente compra no site da empresa e, se desejar, retira o produto no espaço físico, tendo o benefício, dessa forma, da agilidade na obtenção do bem adquirido.

Ainda existe muito a ser feito e realizado para que a organização incremente sua relevância em um ambiente tão hostil. Desafios na escala desse projeto, na capacitação de seus consultores, na evolução de sua presença digital, além de ameaças como o desenvolvimento de estratégia similar pela Amazon que conta com uma equipe de instalação já em funcionamento, estão no radar e representam ameaças pouco desprezíveis nessa jornada. O resultado dessa estratégia no longo prazo ainda é uma incógnita (aliás, qual das estratégias corporativas tem sucesso garantido nesse espectro de tempo?).

A evolução da organização, no entanto, mostra que instilar na cultura da organização a visão de centralidade no cliente é uma estratégia imperativa para a adaptação com sucesso da companhia aos dias atuais e não está restrita à adoção tecnológica. Mais do que tecnologia é uma mentalidade a ser incorporada no sistema de crenças da empresa.

A cultura de extrema proximidade com os clientes contaminará toda organização na busca de soluções que fujam ao pensamento convencional e tragam uma nova dimensão no relacionamento com esses agentes. Trata-se da construção de um novo paradigma que está intrinsecamente relacionado a uma cultura de abertura e aprendizado, visto que pressupõem que todas as opções estão em aberto prontas para serem descobertas.

Além da óbvia vantagem de aumentar sua competitividade, é imperativo observar que a organização, ao adotar essa postura, se preveni dos riscos de receber a incômoda visita de organizações que fazem uma leitura mais contemporânea dessa realidade, trazendo novas referências como a Tesla tem trazido ao setor automobilístico. Que o diga a GM e as tradicionais empresas do setor automobilístico.

Temos, então, os elementos da cultura alinhados ao mundo em transformação

Ao unirmos todas as referências exploradas neste capítulo, temos uma visão mais clara sobre qual é o perfil de uma cultura mais alinhada com nossos tempos.

É inegável que a palavra-chave nessa construção é "aprendizado". Esse é o traço mais marcante em toda arquitetura de um sistema de crenças corporativo alinhado com as mudanças de um ambiente no qual as organizações não competem mais com seus concorrentes, e sim com transições de mercado que acontecem em ciclos cada vez mais estreitos.

The first learner takes all deve ser a nova prática adotada. Essa orientação não deixa em segundo plano a capacidade de se movimentar com agilidade e ocupar espaços nos mercados, porém traz consigo a clara visão da necessidade de instilar a visão do aprendizado junto a todos os agentes da organização.

Essa cultura também deve absorver elementos de outros perfis culturais para atender às demandas de mercado em sua plenitude. É aí que entra a necessidade da adoção de traços da cultura de resultados, sobretudo a disciplina do modelo de execução e orientação ao ambiente externo.

É imperativo que sempre haja uma harmonização entre o sistema de crenças da organização com seu modelo estratégico. Essa é uma orientação que os líderes do negócio não podem deixar de lado, pois se não houver esse alinhamento, os resultados, certamente, não serão favoráveis. Cultura e estratégia fazem parte do mesmo sistema.

A visão do propósito da organização é o principal farol, o sinalizador que une toda organização e que norteia a evolução do negócio. Esse propósito deve ser ambicioso, relevante e singular com o intuito de estimular todos os indivíduos da companhia a buscar sua realização. O *growth mindset* é a mentalidade que deve contaminar todo sistema de pensamentos da organização, partindo do indivíduo para o coletivo.

Esse sistema fica completo ao adotar uma orientação dirigida ao cliente. A cultura mais alinhada às demandas do atual ambiente empresarial coloca o cliente no centro de sua jornada de criação de valor. É desse agente que todas as iniciativas emergem.

O desenho a seguir representa visualmente os elementos que compõem a cultura organizacional mais alinhada com nossos tempos.

Ao explorarmos a visão dessa cultura nas organizações vitoriosas dessa nova era, existe um elemento que salta aos olhos e que muitas vezes pode confundir a interpretação da abertura dessas empresas ao meio externo.

Em geral, as companhias líderes da atualidade, sobretudo as do setor de tecnologia, têm como padrão serem extremamente reservadas com o compartilhamento de suas estratégias e iniciativas a agentes externos. A confidencialidade e o sigilo estão presentes de forma irremediável em suas práticas. É um comportamento-padrão, por exemplo, que todos funcionários dessas empresas assinem documentos de confidencialidade nos quais se comprometem a não expor nenhuma informação da organização sem autorização prévia sob o risco de penas judiciais severas.

Essa postura, muitas vezes, leva a crer que essas organizações são empresas fechadas que não trocam recursos com o meio. Se analisarmos atentamente, no entanto, observaremos que se trata de uma estratégia particular em um mercado em rápida mutação com um nível de concorrência altíssimo, e não um traço de uma cultura que não privilegia a inovação e o aprendizado constante.

Para constatarmos essa tese, basta nos depararmos com empresas altamente inovadoras que adotam essa conduta como Google, Apple, Netflix, Amazon, entre outras.

A privacidade na gestão das informações da organização é uma forma de evidenciar o sentido de pertencimento de seus colaboradores, fortalecendo a cultura do negócio, sem colocar em risco a estratégia do negócio – reiterando: a estratégia corporativa deve estar totalmente alinhada à cultura da companhia com ambas respeitando suas características e peculiaridades.

Toda essa construção evidencia, de forma cada vez mais clara, que uma cultura organizacional que absorva os elementos aqui explorados mantendo sua identidade particular pode se configurar em uma das principais vantagens competitivas de qualquer organização. É necessário que essa variável esteja na agenda de todo líder empresarial, que deve ter como uma de suas prioridades principais a reflexão sobre como construir uma cultura alinhada com o mundo em transformação. Dessa forma, o líder pavimentará o caminho para a prosperidade e a longevidade do negócio.

Como já evidenciamos, está claro que esse tema já ocupa o lugar central nas rodas de discussões de líderes empresariais que, inclusive, já nominaram como um de seus objetivos fundamentais a construção de uma "cultura de inovação" para seus negócios. Na realidade, a chamada "cultura de inovação" é uma consequência, e não causa, de todo projeto de transformação cultural. Dessa forma, é resultante de um sistema de crenças que tem como base os elementos aqui enunciados, responsáveis por um modelo integrado que responde, de forma estruturada e articulada, aos anseios por mudanças. Não que a cultura de transformação não exista. Pelo contrário, ela existe, porém, é a derivada de toda essa dinâmica, e não de sua causa.

Vamos agora iniciar a reflexão sobre o processo de transformação em si. Quais são os elementos que devem ser modelados para influenciarmos na modelagem da cultura de uma organização.

QUESTÕES ESTRATÉGICAS PARA REFLEXÃO

1. O capítulo apresenta alguns exemplos de organizações que, mesmo não sendo as pioneiras em seu setor de atuação (como o Iphone da Apple), desenvolveram alta capacidade de aprendizado para evoluir seu projeto de acordo com as demandas de mercado. Você conhece outras organizações cuja dinâmica de desenvolvimento foi a mesma? Qual foi o principal motivo de serem bem-sucedidas mesmo não tendo sido as pioneiras em seus mercados?

2. Tão relevante quanto acompanhar os passos dos concorrentes é estar conectado às transições de mercado. Você consegue observar esse movimento na prática? Além dos exemplos citados no capítulo, quais outras referências você conhece que conquistaram ou perderam mercado graças à sua capacidade de entendimento da evolução de seus mercados?

3. Você consegue identificar organizações e indivíduos que adotam o *growth* ou *fixed mindset*, tal qual enunciado no livro? Quais são os traços característicos dessas empresas ou pessoas que lhe chamam atenção?

4. Você consegue identificar a diferença entre a visão da organização *customer centricity* com o tradicional foco no cliente? Em sua opinião, onde reside a principal distinção entre esses dois conceitos?

5. Em sua opinião, quais são os principais desafios práticos de construir uma cultura tal qual definida no capítulo? Quais são os elementos mais complexos de absorção da cultura por parte das equipes e das organizações?

AS BASES DE UMA CULTURA ALINHADA COM NOSSO TEMPO

PROPÓSITO

- CULTURA DE APRENDIZADO
- CULTURA DE RESULTADO
- CLIENTE

Marcelo Nóbrega está atualmente à frente do RH da empresa Arcos Dourados que representa o McDonalds no Brasil. Nessa posição, tem lidado com a importante reflexão sobre quais são os elementos de uma cultura mais adaptada a essa nova era que seja capaz de atrair e engajar os melhores talentos. Neste talkshow, o executivo compartilha sua visão e suas perspectivas sobre o tema que vão muito além da posição que ocupa atualmente.

Capítulo 4:
O CAMINHO PARA O PROCESSO DE TRANSFORMAÇÃO CULTURAL

Como não poderia ser diferente, o processo de transformação cultural envolve uma caminhada árdua e profunda. Optar por iniciar essa jornada tendo a percepção de que se trata de um movimento corporativo trivial resultará em desperdício de energia e recursos que, como consequência, frustrará todas as expectativas geradas, sabotando todo o processo. Se não houver uma forte convicção e coragem sobre a necessidade de iniciar essa reflexão profunda sobre todo sistema de crenças da organização, a recomendação é que o projeto não seja deflagrado.

Utilizando uma metáfora do campo esportivo, essa iniciativa está mais para uma maratona do que para uma corrida de 100 metros.

Pegando carona nessa figura de linguagem, o primeiro passo dessa maratona reside no profundo entendimento do status atual da organização. Quais são as características da vigente cultura do ambiente, seu sistema de crenças, valores e comportamentos? Essa é a pergunta primordial que deve ser alvo de intensa reflexão por todos os líderes da organização.

Todas as referências apresentadas nos capítulos anteriores contribuirão para esse diagnóstico:

- Quais são os principais artefatos da cultura atual?
- Quais são as normas e os valores presentes no sistema corporativo que o caracterizam?
- Como é possível traduzir o sistema de crenças da organização na prática?

- Com quais estilos de cultura a organização tem mais similaridade?
- Com quais estilos tem menos similaridade?

Para a realização desse diagnóstico, a mobilização de todos os principais colaboradores, com ênfase da liderança, é impreterível. Por vezes, de acordo com a complexidade do ambiente, será necessário recorrer à contribuição externa com a contratação de consultores ou consultorias que trarão uma visão metodológica para desvendar esse sistema em detalhes, além do mérito do olhar de alguém que não está imerso no ambiente, o chamado *outsider* (forasteiro ou quem vem de fora, em inglês), que tem a vantagem de ter uma percepção isenta e mais serena das relações corporativas daquele universo.

Só depois de um entendimento mais claro sobre todo o sistema, é possível evoluir para a execução do plano. Curiosamente, o rito do diagnóstico, muitas vezes, não é seguido por causa da inclinação dos líderes pelo "fazer" antes do "refletir".

Em regra, quando se dão conta da necessidade de mudanças na organização, esses líderes dedicam-se a promover reestruturações em sua estrutura corporativa, com ênfase nas intervenções em sua estratégia, no modelo de negócios e, consequente, nas revisões no organograma da companhia. A crença por trás dessa decisão – muitas vezes tácita – é que, ao modificar a estrutura corporativa, como consequência, a empresa mudará.

Reestruturações geram efeito temporário se não forem seguidas de intervenções em todo o sistema de crenças da organização, pois, se isso não ocorrer, com o tempo a cultura original volta a dar as cartas naquele ambiente.

A estrutura corporativa é um dos artefatos mais importantes do negócio. Tem valor funcional e simbólico, auxiliando no processo de fortalecimento dos valores compartilhados da empresa. É inegável que devem ser feitas alterações nesse sistema que reflitam a cultura desejada; no entanto, apenas essa estratégia não é suficiente.

Os dois sistemas (cultura e estrutura) andam em paralelo e devem ser modelados em conjunto para atingir resultados perenes.

A falácia de que basta alterar a estrutura para mudar o negócio é resultante de uma visão antiga, típica do autoritarismo que tem como base a crença de que os líderes de uma empresa têm o poder de modificar sua cultura apenas mudando a forma como seus membros trabalham.

É como acreditar que a transformação acontecerá como em um passe de mágica pelas mãos dos supremos agentes todo-poderosos da organização. Pura ilusão – sem perder a oportunidade do trocadilho.

É inegável que os movimentos de mudanças estruturais são mais fáceis de gerenciar por serem concretos, enquanto a cultura é intangível, complexa. É muito mais difícil expressá-la em um *slide* de PowerPoint do que a nova estrutura do negócio.

É necessário ir mais fundo. A jornada para implantar um processo de transformação cultural envolve a análise da estrutura corporativa, no entanto considerando um esquadrinhamento muito mais abrangente ao conceber que esse é apenas um dos artefatos relevantes da cultura da organização. É preciso aprofundar o nível de conhecimento e ações sobre todo sistema.

O sistema de crenças da organização é a camada mais profunda de sua cultura. Recorrendo novamente à figura do *iceberg*, apresentada no capítulo 1, trata-se de um núcleo muito sólido que foi se sedimentando ao longo de décadas, e em algumas empresas até século. Nesse espaço, encontra-se a essência da organização. Sua visão de mundo e razão de ser. Sua estabilidade é – e sempre foi – fundamental para manter a integridade e o êxito da organização, pois todas as fronteiras e limites foram impostos nesse eixo contribuindo para a adesão e o entendimento de todos quanto ao que pode ser feito e aquilo que é abominado naquele ambiente. Por essas características, temos como óbvio os desafios de qualquer interferência nesse sistema.

Organizações e líderes, no afã – e, muitas vezes, pressionados pelo medo – de realizar rapidamente transformações em seu negócio, optam por priorizar uma interferência direta no sistema de crenças da organização promovendo ações e questionamentos que confrontam sua essência. A experiência mostra que esse caminho está fadado ao insucesso.

Na essência da organização, reside suas crenças mais relevantes e absolutas. Em geral, trazem consigo a essência de seu fundador ou de seus líderes mais emblemáticos. Ao optar por confrontá-la diretamente, sem uma estratégia mais assertiva de ações que envolva todo o sistema da cultura organização, o risco é gerar o afastamento e a incredulidade de todos os agentes corporativos que, como padrão, sabotarão o projeto deliberadamente ou não.

Isso não significa, no entanto, que esse núcleo seja imutável. Considerando que a cultura organizacional é um resultado, e não é uma causa, é justamente nos elementos causais que devem acontecer as interferências rumo à adaptação para um modelo mais adequado ao contexto atual.

Para que esse processo de mudanças aconteça em sua plenitude, é necessária a adoção de novas práticas, rituais e processos que definam o novo modo de a organização operar. Mesmo considerando que o nível mais profundo da cultura de uma empresa não se concentra em seus artefatos, suas normas e seus valores, são eles que devem ser trabalhados proativamente para que, como consequência, sejam incorporados novos elementos no sistema de crenças da empresa.

Por serem a parte mais visível de todo sistema, é para lá que todos estarão mirando. Funcionam como um farol que aponta e fortalece todo sistema. Rituais como o código de vestimenta da organização (seu código de vestimenta), as características físicas do ambiente de trabalho, o nível de informalidade ou formalidade aceito na empresa são tão ou mais importantes que rituais formais específicos do negócio.

Tomemos como referência prática o caso de uma organização que se vê às voltas com o desafio do alinhamento de sua cultura com a evolução do mercado em que um dos processos mapeados mais relevantes que contribuem para essa dificuldade de adaptação é seu processo decisório (o anonimato da empresa será preservado, por motivos óbvios).

Essa é uma das instâncias que mais recebe influência da cultura da organização, No caso, essa companhia tem como perfil um processo decisório lento derivado de uma forte crença de aversão ao risco que se disseminou por todas as esferas da empresa. O problema é que quanto mais a organização busca o controle para mitigar ao máximo o risco de suas decisões, mais o processo se torna lento e desalinhado com a velocidade do mercado.

As consequências dessa dinâmica têm sido duras para a empresa que tem perdido competitividade e vê sua posição de mercado ser, cada vez mais, ameaçada por novos competidores mais ágeis e flexíveis que ela.

É fundamental que a organização se dedique a incorporar novos elementos em sua cultura atual que a torne mais apta a responder às demandas de mercado e descarte práticas que não estejam em linha com essa visão.

O caminho de mudar frontalmente o sistema de crenças da organização buscando descontruir a visão da aversão ao risco diretamente receberá forte resistência de todos os colaboradores da empresa que tem introjetada essa convicção forjada ao longo de décadas. Aí está parte da essência da companhia.

No entanto, há uma convicção clara: não mudar é caminho certo para o fracasso.

A solução para esse complexo movimento passa por uma interferência clara nos artefatos, nas normas e nos valores da organização a fim de adotar um novo padrão de comportamento organizacional que faça com que as decisões sejam tomadas mais rapidamente sem afrontar a crença essencial no valor da mitigação do risco nesse processo.

Faz parte dessa estratégia iniciativas como a revisão das instâncias de tomadas de decisões como quantidade e duração de reuniões realizadas com esse fim; releitura do sistema de governança da corporação empoderando mais os indivíduos para tomarem decisões autonomamente desde que amparados por um sistema de informações que lhes garanta acesso ao maior número de variáveis possíveis para diminuir o risco de suas deliberações; análise e revisão dos processos-chave visando à redução da burocracia estabelecida na companhia que reduz a velocidade das resoluções; e assim por diante.

Note que são intervenções que ao serem adotadas de forma bem-sucedida, mesmo não confrontando o sistema de crenças da organização, vão trazer novas perspectivas a essa camada que, com o tempo, sofrerá mudanças em seu núcleo estável.

É evidente que a implantação de soluções com essas características é complexa e dificultosa, posto que confronta todo sistema de poder estabelecido na organização, pois pressupõem o empoderamento de outros agentes que não aqueles habituados a tomar o controle das principais decisões. Não adotar o caminho da transformação, por outro lado, resulta em risco maior ainda para a organização que, inexoravelmente, vai encarar a perspectiva negativa de fracasso de todo negócio se não tomar medidas ativas para sua adaptação a esse novo mercado.

John Chambers, em sua já citada exitosa jornada à frente da Cisco, comenta que o que é constante na organização são seus valores centrais e como você os vivencia diariamente. Esse sistema é parte da missão da empresa e forma os fundamentos de como ela vai se expandir e construir relações de confiança com seus colaboradores e seus clientes. Todo o restante deve ser adaptado ao meio. Essa visão foi fundamental para o sucesso de incorporação das 180 companhias com culturas específicas adquiridas ao longo de sua trajetória como CEO da companhia.

Um caso que merece atenção no contexto empresarial brasileiro é a transformação do *Gazeta do Povo*. O negócio, que faz parte do tradicional Grupo Paranaense de Comunicação, sempre foi o jornal líder na região e uma das principais empresas do setor, conquistando essa posição com credibilidade e reconhecimento internacional.

O declínio do setor de mídia mundial, proveniente da evolução da internet e de novas formas de comunicação, teve impacto importante no negócio e deflagrou uma reflexão estratégica improtelável sobre seu futuro, que já começava a dar mostras de perda de vigor.

De maneira corajosa, os líderes da organização, sob a liderança da diretora da Unidade e herdeira do Grupo, Ana Amélia Filizola, resolveram dar uma guinada no negócio com a migração para o ambiente digital de maneira irrevogável. O mantra da companhia é de que ela deve absorver traços em seu modelo de gestão de uma *startup*.

Para adaptar sua cultura organizacional aos novos tempos em direção à absorção de novos elementos em seu sistema de crenças, foram adotados novos artefatos. Um dos mais fortes foi a mudança da sede administrativa, do local tradicional, cujo layout era o de uma redação clássica de um jornal, para um novo espaço, que mais se assemelha a uma empresa de tecnologia.

As paredes foram abolidas e o ambiente é claro e horizontalizado. Em diversos locais do salão, são expostos painéis eletrônicos que mostram os principais indicadores do negócio.

Essa mudança tem um simbolismo importante não só para os colaboradores da organização, mas também para quem visita a companhia e consegue entender que algo diferente está acontecendo naquele ambiente.

Uma das deliberações mais relevantes, no entanto, que também está na esfera desse simbolismo da seriedade da escolha pelo caminho da transformação, foi a decisão de não distribuir mais o jornal de maneira impressa. Depois de cerca de cem anos nesse formato, a organização decidiu, em maio de 2017, migrar totalmente seu negócio para o ambiente digital.

Além das questões estratégicas relacionadas ao negócio – que são extremas e profundas –, essa decisão teve como principal motivador a convicção da liderança de que era necessário dar um sinal inequívoco dos rumos da organização. Ao adotar esse novo modelo de negócios, a organização e seus líderes "queimaram os barcos" e se colocaram em um caminho sem volta.

A despeito dos desafios do negócio resultantes em um movimento como esse, até por causa da reacomodação de todo segmento, os resultados começam a aparecer. A organização conseguiu migrar 92% de sua base de assinantes do jornal físico para a plataforma digital e segue rumo à ambiciosa meta de trezentos mil assinantes nesse novo formato até o final de 2019. Em outubro de 2018, houve uma conquista muito comemorada pela companhia resultante da bem-sucedida cobertura presidencial: o recorde de 60,8 milhões de visitas únicas à sua plataforma em um único mês, marca jamais atingida por nenhum jornal brasileiro e que, tão cedo, não será batida. Atualmente, o *Gazeta do Povo* ostenta uma das quatro maiores audiências de seu setor na web no país.

Uma perspectiva particular desse caso deve ser evidenciada no alinhamento de sua estrutura à nossa tese a respeito da estabilidade do sistema de crenças. A decisão de a empresa adotar em seu modelo de gestão práticas de *startups* não é sinônimo que ela deva atuar como uma *startup*. Ao almejar essa metamorfose, a organização estaria confrontando sua essência, uma vez que ela não é uma *startup*. O caminho para a adaptação de sua cultura reside na manutenção da essência de seu sistema de crenças – que está muito ancorado no valor para a sociedade de seu papel como órgão de imprensa livre e independente –, absorvendo novas normas e valores que lhe levem à construção de um novo *mindset* e práticas indispensáveis para lidar com esse novo universo.

Ao interferir diretamente no conjunto de artefatos, normas e valores, a organização e seus líderes apresentam uma orientação clara e explícita quanto à direção almejada para o negócio e sua visão de futuro. Para alinhar-se à jornada rumo à nova cultura organizacional, os principais ritos devem ser avaliados e adaptados. Nenhuma frente pode ficar de fora dessa análise, pois o processo deve ser homogêneo, íntegro e à prova de contradições para que seja compreendido e interpretado adequadamente por todos.

Como o leitor pode perceber, é necessária muita coragem para mudar comportamentos e práticas quase que seculares e que se sedimentaram quase como dogmas na organização.

A opção para que essa interferência aconteça em sistemas que tenham relação direta com a estratégia do negócio contribui para o entendimento de todos e a visibilidade das mudanças, haja visto que a dimensão competitiva (as decisões de negócio, sua estratégia, suas estruturas etc.) sempre está em evidência para todos os colaboradores e agentes corporativos em geral.

Um dos casos mais emblemáticos de transformação cultural no Brasil acontece no segmento de varejo e tem seguido muito dessa lógica em sua jornada. Trata-se da evolução do Magazine Luiza, que passou do descrédito generalizado com seu modelo de negócios no final de 2015, quando seu valor de mercado era de 200 milhões de reais, até chegar ao seu recorde de valorização, no início de 2019, quando atingiu a marca de cerca de 31 bilhões de reais (ou seja, o valor de mercado da empresa cresceu 155 vezes em quatro anos).

Esse progresso, com poucos precedentes no ambiente corporativo brasileiro, teve como principal fundamento a escolha estratégica de unir o modelo tradicional do negócio – majoritariamente baseado em lojas físicas – com uma estratégia fortemente amparada no ambiente digital, tendo a tecnologia como parte central de seu projeto. Dessa forma, a organização construiu uma modelagem e cultura muito mais alinhadas com as demandas do atual ambiente empresarial.

Note como uma decisão de negócios que, como consequência, gerou interferência em diversos artefatos, normas e valores da companhia, tem o potencial de influenciar diretamente seu sistema de crenças.

O protagonista principal dessa jornada foi Frederico Trajano, CEO que assumiu o comando da operação da varejista em 2016, filho de Luiza Trajano, sobrinha da fundadora do negócio e responsável pelo crescimento da companhia em sua primeira fase de vida.

Sob sua liderança, a organização tem absorvido novos elementos em sua cultura organizacional com o intuito de adaptar a empresa a uma nova realidade de negócios em um setor muito afetado pelo avanço tecnológico.

Importante contextualizar que esse movimento foi irrompido antes de Frederico assumir como CEO do negócio. Seu embrião aconteceu no ano de 2000 quando ingressou na organização para assumir a direção de sua operação digital e iniciou os movimentos que começaram a dar frutos concretos recentemente. Se não houvesse a convicção da necessidade desse projeto, ele seria interrompido ao sinal das primeiras adversidades – que apareceram e foram muitas.

A manutenção da essência da companhia se expressa quando Luiza Trajano, atual presidente do Conselho da companhia, menciona que o Magazine Luiza é uma plataforma de tecnologia com calor humano, preservando, dessa forma, as crenças essenciais da organização desde sua fundação.

Um artefato importante desse projeto foi inaugurado em 2011 e, atualmente, é uma das partes mais visíveis da transformação da companhia: o Luiza Labs.

Trata-se do Laboratório de Tecnologia e Inovação da companhia, que faz parte de seu Núcleo de Pesquisa e Desenvolvimento, cujo foco é desenvolver soluções tecnológicas para melhorar a experiência de compra dos clientes do grupo.

Nesse centro de inovação, foram desenvolvidas iniciativas como o aplicativo de celular da empresa; o projeto de entrega Multicanal, que integra loja física com vendas digitais; projetos como Mobile Vendas, Mobile Montador e Mobile Estoquistas, que interagem tanto com o público externo (clientes) quanto com o interno (colaboradores); e uma série de outros desenvolvimentos que são realizados por mais de 450 engenheiros e especialistas dedicados, exclusivamente, a essa frente. Observe como a tecnologia foi alçada a local de destaque nas estratégias da companhia.

Para tangibilizar a relevância dessa iniciativa, vale o resgate de uma passagem recente. Em fevereiro de 2019, a empresa alcançou um dos maiores crescimentos em um único dia do valor de suas ações (alta de 10,4%), o que levou a incrementar, nesse curto espaço de tempo, 3 bilhões de reais em seu valor de mercado. O otimismo do mercado acionário foi resultante da divulgação dos números favoráveis no exercício de 2018 (só o lucro da companhia cresceu 53,6% em relação a 2017, chegando a um valor acumulado de 597 milhões de reais ante 389 milhões de reais no ano anterior) e também em razão à visão favorável de seu futuro ancorada em uma das iniciativas mais relevantes divulgadas pela empresa: o lançamento do que está sendo conhecido como o superapp do Magazine Luiza, no qual o cliente não fará apenas suas compras, mas também poderá realizar uma série de serviços como pagar contas, encomendar refeições, relacionar-se com amigos em redes sociais e assim por diante. Esse projeto é mais um desenvolvimento do Luiza Labs e mostra seu papel de destaque na estratégia da organização.

A iniciativa de valorização desse espaço impulsiona a expansão da empresa ao promover a inovação a local central na companhia. Com isso, são criados novos ritos e artefatos que, com o sucesso da organização, se fortalecem e se consolidam influenciando a camada mais profunda de sua cultura, seu sistema de crenças que, dessa forma, absorve novos elementos fundamentais para sua adaptação a uma nova realidade externa. Esse é o ciclo virtuoso da transformação cultural bem-sucedida.

É emblemático observar que o Magazine Luiza atua em um dos setores mais pressionados por resultados no curto prazo no mundo: o varejo. O êxito de seu processo de transformação combate a incredulidade de céticos que acreditam que não é possível compatibilizar inovação e transformação com as demandas financeiras de curto prazo inerentes a setores como esse. Não é só possível como necessário. Resgatando uma informação preciosa nesse sentido: a organização teve um crescimento de seu valor de mercado de 155 vezes em apenas quatro anos!

Ao alinhar a estratégia do negócio e sua orientação à inovação com a cultura almejada, organizações estabelecem um novo padrão de comportamento e modo de "fazer as coisas".

Esse novo modo de "fazer as coisas" deve estar alicerçado na construção de um modelo multidisciplinar que combata e desconstrua um risco presente e constante na maioria dos negócios em todo o mundo: os silos e os feudos.

A demanda atual por inovações e novos modos de pensar não combina com restrições e visões unilaterais.

Silos são um obstáculo ao florescimento da cooperação entre departamentos, mas, principalmente, entre pessoas. Com seu fortalecimento, eles sedimentam uma estrutura de comando baseada no poder restrito dos participantes daquele determinado ambiente em relação a toda organização, favorecendo a dinâmica do "nós e eles". Esse comportamento em nada agrega valor à exigência multidisciplinar da nova economia.

Em conversas e abordagens pessoais realizadas com líderes empresariais, existe a concordância de que o pensamento em silos é o comportamento número um entre os obstáculos para a construção de uma nova cultura organizacional. Isso acontece porque cada parte da organização chega a diferentes conclusões sobre o processo, com base em percepções parciais incorretas ou incompletas em detrimento da visão sistêmica do todo (aqui cabe aquela metáfora dos cegos defronte a um elefante: cada um entende o todo como a parte em que está tocando e ninguém consegue ter a perspectiva real do animal em sua plenitude).

Se essa dinâmica não for rompida, será demandada muito mais energia e, sobretudo, tempo para desconstruir o desalinhamento entre todos da organização. Tempo é um luxo que não está disponível no mandatório processo de adaptação ao novo ambiente empresarial, que tem como uma de suas principais características a velocidade das mudanças.

Para desmobilizar os silos e os feudos, é necessária a construção de uma visão comum que envolva a todos, oferecendo uma direção única e um senso de propósito orientado aos interesses individuais, porém que se paute por uma perspectiva mais ampla, que representará a visão da organização e de seus líderes.

Uma das estratégias recomendadas nesse desafio é a promoção do intercâmbio de profissionais entre departamentos. As estruturas formais tradicionais favoreceram, ao longo dos anos,

> Para desmobilizar os silos e os feudos, é necessária a construção de uma visão comum que envolva a todos, oferecendo uma direção única e senso de propósito orientado aos interesses individuais, porém que se paute por uma perspectiva mais ampla, que representará a visão da organização e de seus líderes.

a visão do especialista. Com isso, segregaram esses colaboradores em espaços muito específicos privando-os da perspectiva geral do negócio, a visão sistêmica do todo. Essa construção merece uma nova reflexão em um contexto em que se almeja o combate aos silos. Recomenda-se que, de forma muito bem planejada, todos os profissionais tenham conhecimento do processo produtivo da organização, desde sua fabricação até a interação com os clientes. Os funcionários da produção podem se envolver com o projeto desde o orçamento. Os profissionais que atuam com inovações e novas soluções podem, além de liderar a parte criativa, interagir com questões de viabilidade dos produtos no mercado, pesquisas e projeções de vendas e assim por diante.

Essa estratégia facilita a construção de uma visão comum a toda a organização, alimentando, com o tempo, uma perspectiva multidisciplinar entre todos os componentes da empresa e instilando a visão de corresponsabilidade e cooperação que será imperativa para a construção da nova cultura organizacional.

Um recurso complementar que pode ser adotado para acelerar esse processo de desmobilização é o *job rotation*, ou seja, a rotação de profissionais em diversas áreas ou departamentos da organização de modo que tenham uma nova visão das diversas atribuições e relacionamento com outros indivíduos. Essa prática vai tirar todos os profissionais da zona de conforto, tanto os líderes quanto os subordinados, gerando, obrigatoriamente, uma nova natureza na relação entre as partes.

Além das questões específicas sobre gestão de pessoas, há uma instância fundamental que a impacta diretamente, que deve ser modelada por causa de seu valor funcional e também simbólico: os processos organizacionais.

É recomendada a revisão completa dos principais processos adotados pela organização para a adoção de uma nova estrutura que derrube os silos e promova a integração entre seus colaboradores. Processos são uma das consequências da estrutura organizacional, uma vez que respondem às demandas desse sistema.

A adoção de modelos mais alinhados com a nova visão almejada ganha um aliado na atualidade: a tecnologia. A utilização de sistemas, aplicativos e plataformas digitais desenvolvidas para a automação e melhor gestão de processos oferece alternativas práticas para tornar possível a integração de todos a uma visão comum.

Uma boa referência, nesse sentido, são as plataformas de gestão de projetos como *Asana*, *Trello*, entre outras, que oferecem, por meio de uma interface única, a possibilidade de integração de todos os componentes do time em prol do desenvolvimento de determinado projeto. Com acompanhamento remoto e em tempo real das atividades de todos os envolvidos, o sistema garante uma visão única dos esforços permitindo o alinhamento de todas as ações.

Sistemas como esses são a tangibilização do conceito de multidisciplinaridade e contribuem para a derrubada dos feudos, visto que oferecem transparência para todo o sistema e os esforços individuais. A liderança torna-se pulverizada e diminuem-se os lados cinzentos ou a famosa caixa-preta, em que ninguém sabe o que está acontecendo na evolução de determinado projeto.

Pesquisar e avaliar possibilidades de sistemas tecnológicos que podem contribuir com o design e a gestão de processos e que estejam alinhados ao projeto de transformação cultural são mais do que uma estratégia recomendável. É uma decisão mandatória para os dias atuais.

A promoção de uma atuação assertiva junto aos principais processos da companhia, sempre tendo como orientação os elementos mais relevantes a serem absorvidos na cultura corporativa, terá como consequência a revisão do sistema de normas e valores da empresa, visto que serão adotados novos comportamentos e procedimentos. Essa estratégia influenciará, com sua evolução, o sistema de crenças da organização.

Todos os elementos da revisão da estrutura organizacional alinhada às diretrizes da nova cultura são um passo importante para a transformação. Esse movimento, no entanto, deve vir

> Pesquisar e avaliar possibilidades de sistemas tecnológicos que podem contribuir com o design e a gestão de processos e que estejam alinhados ao projeto de transformação cultural são mais do que uma estratégia recomendável. É uma decisão mandatória para os dias atuais.

acompanhado de uma estratégia de aprendizado mais ampla, que envolva toda a organização.

Todos os componentes do time devem saber as razões da mudança, os objetivos e o papel de cada um na nova estrutura. Por mais que o processo de concepção do novo modelo seja *top down*, ou seja, tenha sua origem nos líderes até chegar aos colaboradores da base da pirâmide da companhia, seu êxito dependerá, fundamentalmente, do engajamento de todos na nova perspectiva. Como em um ciclo constante, o sucesso de um projeto de transformação cultural depende do alinhamento do movimento *top down* e com *bottom up* (de acordo com a figura abaixo).

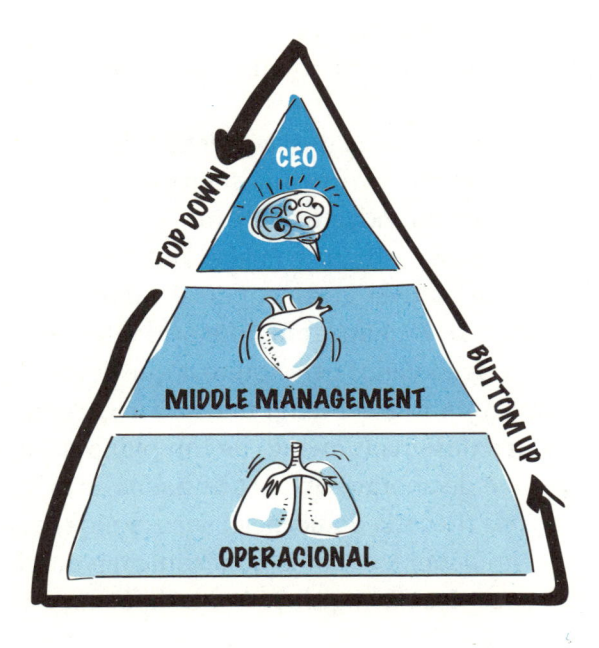

Os professores e pesquisadores Jon Katzenbach e Pauli Leinwand desenvolveram um projeto muito instigante para a Consultoria Strategy& (Booz & Company) com base em seus estudos sobre cultura organizacional. Nesse estudo, eles apontam quatro perspectivas para a mudança cultural que contribuem para a construção dessa estratégia de aprendizado quanto ao novo modelo. Essa visão é totalmente sinérgica com o modelo que construímos até agora e nos oferece referências de como envolver todos os colaboradores nessa jornada.

As quatro perspectivas para a mudança cultural

Segundo os autores, para que uma mudança cultural ocorra, é recomendável:

a) Trabalhar com a cultura existente e de acordo com ela;
b) Começar mudando alguns comportamentos críticos, não o *mindset*/filosofia da organização;
c) Usar métodos virais;
d) Mobilizar as forças racionais e emocionais.

Essa referência fortalece nossa reflexão de como estimular o processo de aprendizado da organização rumo à nova cultura que se torna tangível em sua nova estrutura.

Reiterando que essa jornada começa com o entendimento claro sobre os padrões da cultura vigente, pois é a partir dela que acontece a transformação. O mapeamento e a identificação dos comportamentos críticos adotados pela empresa que devem ser alterados contribuem para uma interferência mais cirúrgica em todo o sistema e permitem o desenvolvimento de um plano de ações específico com o objetivo de adotar hábitos alinhados ao novo modelo.

A mudança da filosofia do negócio, suas crenças e seus pressupostos básicos, vai acontecer como consequência da alteração dos comportamentos críticos da equipe. A interferência nos comportamentos e nos hábitos de todo o ecossistema organizacional, com a adoção de padrões alinhados com a visão do que é almejado, contribui para tornar a mensagem mais palatável a todos e tornar concreta e tangível a mudança desejada. São modelados, nesse processo, os artefatos da companhia e geradas novas normas e valores.

É necessário engajar todos nessa estrutura com uma estratégia de comunicação eficiente. É imperativo, no entanto, entender essa estratégia de maneira mais abrangente, e não focada apenas no ambiente interno. Utilizar antigos avisos em murais para se comunicar não é suficiente. É preciso pensar em um projeto de comunicação que envolva todos os *stakeholders*.

O fato de a organização utilizar meios digitais para disseminar informações relevantes a todos os colaboradores não garante que ela construa uma estratégia alinhada com a nova realidade. Muitas vezes, o que acontece é apenas a migração dos avisos nos murais para *newsletters* digitais, ou seja, a dinâmica continua a mesma.

A estratégia de engajamento com o novo modelo deve considerar estruturas como o desenvolvimento de fóruns e redes informais internas para promover discussões relacionadas à nova cultura. Isso pode acontecer em ambientes físicos, por meio de eventos presenciais, porém é no ambiente digital que existe a oportunidade de ampliar o alcance da mensagem e envolver mais pessoas em escala. Redes de relacionamento digitais orientadas exclusivamente ao ecossistema da organização podem ser ferramentas poderosas para esse fim.

Da mesma forma que no caso das plataformas de gestão de projetos, atualmente existem diversas opções de tecnologia disponíveis que facilitam a estruturação dessas redes de comunicação privadas, como o Workplace, plataforma proprietária do Facebook destinada ao uso corporativo que oferece as mesmas funcionalidades da rede de relacionamentos aberta, porém de maneira privada e com outras opções mais adaptadas ao uso empresarial.

Com frequência, surgem novas soluções e *startups* com projetos orientados para essa demanda. É necessário pesquisar, com regularidade e profundidade, modelos que se adaptem melhor à dinâmica de seu negócio com esse fim.

Essa iniciativa vai permitir também a promoção de práticas e, sobretudo, a divulgação de colaboradores que já estão adotando comportamentos alinhados com a nova cultura. Esses profissionais podem transformar-se em influenciadores poderosos para atacar as resistências naturais em um processo como esse, com as redes de comunicação funcionando como um canal dessa mensagem para todos os agentes corporativos – incluindo os externos, como parceiros, fornecedores e similares, quando fizer sentido para a estratégia desenhada.

Um dos motivos da complexidade de um processo de transformação cultural é que ele mobiliza não apenas a esfera racional de todos os envolvidos. Ele envolve forte conexão emocional, gerando insegurança, incerteza e imprevisibilidade. Tudo isso ao mesmo tempo, tendo em vista que traduz as características do novo ambiente de negócios. É natural, e o efeito desse turbilhão de emoções sobre os colaboradores do negócio não pode ser negligenciado.

É por esse motivo que todo processo deve mobilizar razão e emoção concomitantemente. Há uma tendência natural em se evidenciar os atributos racionais em processos dessa natureza. Dessa forma, todo o sistema de comunicação concentra-se nas explicações lógicas, utilizando o intelecto como principal recurso para o entendimento de todo o processo.

Subliminarmente, todas as mensagens fortalecem a visão de que "é óbvio que as coisas devem acontecer dessa forma" e que "é só seguir o plano que, segundo a lógica, tudo acontecerá". Essa convicção não deixa de ser uma forma de "idiotizar" os colaboradores, na medida em que negligencia os naturais riscos de um complexo processo como esse.

É mandatório que a comunicação seja centrada nas pessoas. Que os líderes estejam preparados para lidar com as inseguranças de seus liderados. Que a incerteza seja abraçada como parte integrante do processo. É o engajamento legítimo e espontâneo de todos que contribuirá para que sejam encontradas as respostas durante a jornada.

Retomando uma visão já sentenciada na Introdução desta obra: é importante estar claro que os sistemas de sabotagem formais e informais agirão. Se não houver uma orquestração de todos os agentes no processo de transformação ao primeiro desafio não suplantado – e isso, certamente, acontecerá –, ele vai ruir.

> Uma das estratégias que favorece o alinhamento de todos os esforços em prol dessa visão única é a adoção de programas corporativos de valorização das iniciativas dos primeiros adotantes da nova cultura.

Uma das estratégias que favorece o alinhamento de todos os esforços em prol dessa visão única é a adoção de programas corporativos de valorização das iniciativas dos primeiros adotantes da nova cultura. Projetos dessa natureza podem contar com premiações e outras iniciativas que reconheçam e promovam em seus mecanismos de comunicação a postura desses colaboradores.

Alinhados com a visão da importância dos sistemas de reconhecimento no processo de transformação cultural, esses programas têm um valor simbólico inequívoco e contribuem com toda estratégia de comunicação, além de se valer dela para divulgar e evidenciar a evolução na adoção dos novos comportamentos.

A estratégia de comunicação não pode ser apenas uma visão romântica, politicamente correta, restrita aos materiais de divulgação e às plataformas da empresa. As mudanças devem fazer parte concreta da rotina da organização. A transformação deve ser vivida e preservada por todos.

Uma estratégia que contribui muito com esse processo, que está relacionada tanto à esfera da comunicação quanto ao direcionamento e à orientação inequívoca de todos em relação ao novo modelo cultural almejado, é a divulgação dos princípios organizacionais da companhia.

Por sua relevância, esse tema merece uma abordagem específica.

O papel dos princípios organizacionais na transformação de uma cultura

Em 2011, publicamos a obra *Movidos por ideias: insights para criar empresas e carreiras duradouras*. Cada capítulo do livro traz referências importantes para gerenciar seu negócio e sua carreira em um ambiente que já definíamos como orientado por ideias, e não por ativos físicos ou materiais.

O primeiro capítulo tem como tema a gestão orientada por princípios e retrata nossa crença sobre a importância da adoção dos princípios organizacionais como uma bússola para todos os colaboradores da organização. Esse tema, em razão de sua relevância e sua pertinência, mais uma vez esteve presente em outra obra de nossa autoria: *O que as escolas de negócios não ensinam*.

Nossa visão é de que os princípios de uma organização, quando bem elaborados e em consonância com a realidade do negócio, traduzem sua cultura de maneira inequívoca, detalhada e à prova de dúvidas.

Resgatamos essa visão, preconizada há cerca de sete anos, uma vez que está mais atual que nunca e traz uma relação estreita com a temática da transformação cultural por contribuir em diversas frentes no processo:

- É um artefato poderoso da cultura;
- Mostra "como fazer" integrando-se a camada de normas e valores da companhia;
- Fortalece a comunicação;
- Alinha todos de maneira simples e poderosa.

Vale frisar que a busca por esse alinhamento não é recente no ambiente empresarial. Uma estratégia tradicional que sempre cumpriu esse papel foi a declaração de missão e visão da companhia, cuja adoção se disseminou nos anos 1990 como consequência dos projetos de qualidade total importados do Japão e internalizados por muitas organizações em nosso país.

O que notamos, no entanto, é que, em geral, a declaração da missão e da visão de uma empresa acaba, infelizmente, tendo mais uma função burocrática que prática, sem conseguir ser efetivamente incorporada e dominada por seus colaboradores.

Sem essa internalização, todo sistema fica no limbo e sua efetividade é meramente figurativa (é clássica a figura do texto de missão presente no verso dos antigos crachás dos profissionais ou nas paredes da empresa para que eles leiam sua descrição caso receba o questionamento de alguém sobre seu significado).

Outro aspecto que enfraquece essa estratégia é a constatação de uma tendência à "comoditização" da declaração de missões no

> Os princípios de uma organização, quando bem elaborados e em consonância com a realidade do negócio, traduzem sua cultura de maneira inequívoca, detalhada e à prova de dúvidas.

meio empresarial. Não é raro identificarmos organizações distintas com declarações muito similares. É evidente que essa "coincidência" gera um risco iminente: os colaboradores não se sentem representados, e perde-se a oportunidade de criar uma identidade única para cada empresa.

É o *fast-food* das missões organizacionais.

É inegável o valor do correto desenvolvimento e entendimento da missão de uma empresa. De nenhuma forma almejamos desconstruir essa lógica e sua relevância. É necessário, no entanto, que as organizações criem mecanismos complementares que elucidem toda e qualquer dúvida dos integrantes sobre questões essenciais como:

- Qual é o papel de cada um naquele contexto?
- O que não é tolerável no ambiente?
- Quais são as normas de conduta fundamentais da organização?

Como já demonstramos, essa estratégia ganha contornos mais relevantes em um processo de transformação cultural do que em um sistema consolidado, uma vez que será um recurso importante no alinhamento de todos em direção ao novo modelo.

Graças a suas características e peculiaridades, uma declaração adequada dos princípios organizacionais tem o potencial de ter importância-chave para a aceleração da transformação cultural de uma empresa.

Eles vão traduzir de maneira prática os principais atributos da nova cultura, incentivando os comportamentos desejados e mostrando, explicitamente, aqueles repudiados. A clareza de seu enunciado fará com que não exista margem para interpretações sobre os fundamentos e a essência daquela cultura.

Para ser efetivo, os princípios devem basear-se em definições específicas, buscando restringir ao máximo a possibilidade de interpretações subjetivas.

No final do dia, toda carta de princípios configura-se em uma forma estruturada de comunicar aos stakeholders do negócio (colaboradores, fornecedores, parceiros, sociedade etc.) a visão de mundo daquela organização e a perspectiva de sua liderança. De forma figurada, os princípios organizacionais são o "porta-voz invisível" dos líderes do negócio.

Um de seus principais benefícios é prover uma orientação explícita sobre o processo de tomada de decisões. Como representa a posição oficial da corporação, chancelada pelos executivos da alta gestão, o documento consegue, assim, oferecer autonomia para que os colaboradores decidam com agilidade. Também contribui para diminuir as relações de dependência na cadeia hierárquica por meio do desenvolvimento e o fortalecimento de mais líderes com maior liberdade de voo solo. Com isso, os atributos da nova cultura chegam mais rapidamente à ponta do negócio e a todos os seus agentes.

São elementos indispensáveis na composição de uma declaração de princípios, a representação clara da essência da nova cultura almejada para a organização em bases práticas, seja por meio da exposição da filosofia-mestra da corporação ("aquilo em que acreditamos"), seja pela apresentação de sua visão a respeito de processos, pessoas ou soluções de problemas e aprendizado.

Além de todos os atributos racionais, um dos elementos mais relevantes de toda declaração de princípios é que ela deve ser fonte de inspiração para que todos sonhem o mesmo sonho juntos. Em consonância com toda a estratégia e conforme já explorado aqui, é necessário que eles aliem razão e emoção. Metaforicamente: que "conversem" com a mente e com o coração de todos os agentes envolvidos no sistema corporativo.

A estratégia de adoção dos princípios organizacionais como fortalecimento e alinhamento de todos com a cultura almejada tem sido utilizada por algumas das empresas líderes da quarta Revolução Industrial, como a Amazon e a Netflix.

> Um dos elementos mais relevantes de toda declaração de princípios é que ela deve ser fonte de inspiração para que todos sonhem o mesmo sonho juntos. Em consonância com toda a estratégia e conforme já explorado aqui, é necessário que eles aliem razão e emoção.

Como a Amazon e a Netflix adotam a declaração de princípios para fortalecer sua cultura

Conforme exploramos nas páginas de *Gestão do amanhã*, Jeff Bezos sempre se valeu de narrativas poderosas para divulgar e promover suas ideias e seus conceitos entre todos os *stakeholders* de seu negócio. As cartas aos acionistas existem desde a fundação da Amazon e são atualizadas e divulgadas anualmente. Representam a comunicação oficial do negócio com a sociedade e todos os seus agentes.

Não é de estranhar que a organização tenha constituído sua declaração de princípios como "Princípios de Liderança" da empresa. Ela é a bússola que norteia a ação de seus mais de 650 mil colaboradores (dados de 2019) espalhados em todo o planeta.

A revista *Business Insiders* publicou artigo em que apresenta as catorze regras dessa declaração. Nela, percebem-se diversos elementos que constituem a assertividade de um documento com essas características:

Obsessão pelo cliente

Líderes têm o cliente como ponto de partida e fazem sua lição de casa. Trabalham com determinação para conquistar e manter a confiança dele. Embora estejam atentos aos concorrentes, são obcecados pelos clientes.

Senso de propriedade

Líderes são proprietários. Eles pensam em longo prazo e não sacrificam os valores de longo prazo em favor de resultados de curto prazo. Agem em prol da empresa como um todo, e não apenas da própria equipe. Nunca dizem "isso não é meu trabalho".

Inventar e simplificar

Líderes esperam e exigem inovação e inventividade de suas equipes e sempre encontram maneiras de simplificar. Estão sempre atentos ao que ocorre fora da empresa, buscando novas ideias de todos os lugares, e não são limitados pelo NIH – "não inventado aqui". À medida que fazemos coisas novas, aceitamos que podemos não ser compreendidos por longos períodos.

Estar certo (quase sempre)

Líderes têm razão – quase sempre. Eles têm apurado discernimento comercial e bons instintos. Buscam perspectivas diversas e se esforçam para refutar as próprias certezas.

Contratar e desenvolver os melhores

Líderes elevam o nível de desempenho com cada contratação e promoção. Sabem reconhecer talentos excepcionais e gostam de movimentá-los pela organização inteira. Líderes desenvolvem líderes e levam a sério seu papel de treinadores. Trabalhamos em prol de nossos funcionários para inventar mecanismos de desenvolvimento, como o programa *Career Choice*.

Insistir nos mais altos padrões

Líderes têm padrões inexoravelmente elevados – muitos podem achá-los injustificadamente altos. Buscam continuamente a superação e direcionam suas equipes a entregar produtos, serviços e processos de alta qualidade. Asseguram que defeitos não passem despercebidos e que problemas sejam resolvidos de maneira definitiva.

Pensar grande

Pensar pequeno é uma profecia autorrealizável. Líderes criam e comunicam uma direção ousada, que inspira resultados. Eles pensam diferente e buscam em todos os lugares maneiras de atender os clientes.

Disposição para agir

A rapidez é importante nos negócios. Muitas decisões e ações são reversíveis e não demandam estudo aprofundado. Valorizam a tomada consciente de riscos.

Frugalidade

Realizar mais com menos. Limitações geram engenhosidade, autossuficiência e inventividade. Ninguém ganha pontos extras por aumentar o número de funcionários, o orçamento ou as despesas fixas.

Aprender e ser curioso

Líderes nunca param de aprender e sempre buscam se aperfeiçoar. Têm curiosidade por novas possibilidades e agem para explorá-las.

Conquistar confiança

Líderes ouvem atentamente, falam com franqueza e tratam os outros com respeito. São autocríticos em público, mesmo que isso seja embaraçoso ou constrangedor. Sabem que nem eles nem suas equipes cheiram a perfume. Comparam-se e a suas equipes com os melhores.

Mergulhar fundo

Líderes operam em todos os níveis, ficam atentos a detalhes, auditam com frequência e desconfiam quando métricas e observações práticas divergem. Nenhuma tarefa está aquém deles.

Ter fibra – discordar e assumir compromissos

Líderes são obrigados a respeitosamente contestar decisões das quais discordam, mesmo que isso seja desconfortável ou exaustivo. Têm convicção e são perseverantes. Não fazem concessões em nome da coesão social. Uma vez tomada uma decisão, seu compromisso é total.

Apresentar resultados

Líderes focam nos fatores-chave de seu negócio e os levam a termo com a qualidade certa e em tempo hábil. Apesar dos contratempos, estão prontos para enfrentar qualquer situação e nunca se acomodam.

A opção da organização de dirigir toda comunicação a seus líderes tem como principal objetivo dar sinais incontestáveis quanto ao que é desejado e requerido naquele ambiente para os principais facilitadores e promotores da cultura de sua companhia. Da mesma forma que serve como bússola aos profissionais da empresa, contribui para um claro entendimento daqueles que desejam ingressar na empresa, pois explicita seu sistema de crenças e valores.

Caminho similar adotou a Netflix.

A organização, que passou de uma empresa de entrega de DVDs por via postal para a maior empresa de entretenimento do mundo, teve de mudar traços de sua cultura organizacional continuamente ao longo dos anos para não correr o risco de trilhar o mesmo caminho da organização que implodiu (a Blockbuster), conforme mostramos em *Gestão do amanhã*.

Para fortalecer sua cultura e expor suas crenças explicitamente aos seus mais de 5.500 colaboradores (dados informados pela organização em 2017), a empresa elaborou uma lista de aspectos que valoriza e o que espera das pessoas.

Essa estratégia tornou-se fundamental no processo recente de globalização da companhia, que hoje está presente em praticamente todos os países relevantes do mundo (menos na China).

O chamado *Documento Netflix* é uma das ferramentas utilizadas para alinhar todos com a cultura do negócio.

Suas características são bastante representativas da visão de mundo da organização:

Os nove valores

1. Tomada de decisões com perspectivas estratégicas;
2. Comunicação precisa, com respeito pelo outro;
3. Foco em resultados, antes de processos;
4. Curiosidade para aprender rapidamente sobre a estratégia, o mercado, os clientes e os fornecedores da empresa;
5. Capacidade de inovar, buscando soluções práticas para problemas e ajudando a manter a empresa ágil;
6. Coragem para dizer o que pensa, tomar decisões, assumir riscos e avaliar ações de acordo com os valores da Netflix;
7. Paixão por excelência, que inspira os outros;
8. Honestidade para admitir erros e discordar dos outros;
9. Desprendimento para pensar antes na companhia e depois em objetivos individuais e para ajudar os colegas.

Alto desempenho

Diz respeito à efetividade, e não necessariamente a trabalho duro. As pessoas são avaliadas com base em como, quão rápido e quão frequentemente entregam o trabalho. Atuar em equipe é obrigatório.

Liderança e responsabilidade

Privilegiam-se o alto desempenho, a autodisciplina e a criatividade, e não as regras e os procedimentos, crendo que é assim que se evita o caos e se continua a crescer, apesar das mudanças de mercado.

Contexto, em vez de controle

Os gestores devem definir o contexto para sua equipe, em vez de tentar controlá-la. O contexto tem de ligar o trabalho aos objetivos da empresa e indicar suas prioridades, o grau de precisão esperado, os *stakeholders* e as principais métricas.

> Não importa o formato a ser adotado. O mais relevante é seu conteúdo e a estratégia para disseminar as informações a todo o público de interesse da companhia – e fora dela, quando adequado e necessário.

Alinhamento forte, união leve

Refere-se à convocação de poucas reuniões, à confiança entre as equipes, à possibilidade de líderes contarem com coordenadores e à revisão ocasional de planos e táticas para aperfeiçoar o alinhamento.

Remuneração elevada

A Netflix só quer pessoas de alto desempenho, que fazem mais. Em vez de bônus e benefícios, as pessoas são recompensadas com salários acima do mercado.

Promoções e desenvolvimento

A Netflix não tem de ser um empregador para toda a vida. Para alguém ser promovido, é necessário que cuide de uma tarefa maior e que já tenha se tornado uma superestrela na posição atual. Cada pessoa deve se desenvolver por conta própria.

Observe que existem diferenças importantes na estrutura e na forma de exposição dos princípios da Amazon e da Netflix a despeito da estratégia similar. É importante valorizar e respeitar as individualidades de cada companhia no que se refere ao formato desse documento. A forma como ele é construído (em termos de conteúdo) também é um traço da identidade de cada organização, e o jeito que refletirá suas crenças é um dos artefatos de sua cultura.

Não importa o formato a ser adotado. O mais relevante é seu conteúdo e a estratégia para disseminar as informações a todo o público de interesse da companhia – e fora dela, quando adequado e necessário.

Não podemos deixar de refletir sobre uma referência do texto original de *Movidos por ideias*, que diz respeito a um exemplo de sucesso que, como já explorado no início deste livro, hoje prova do próprio veneno: a AB Inbev.

As armadilhas dos "10 Princípios da Ab Inbev"

Uma das principais estratégias da organização para disseminar e fortalecer seu sistema de crenças foi, desde sua origem, explicitar claramente seus princípios organizacionais no documento *10 Princípios da Ab Inbev* (veja a tabela a seguir).

A utilização do documento para fortalecer a cultura do negócio demonstrou-se um acerto inequívoco, uma vez que se forjou um sistema de crenças e valores fortíssimo dentro da empresa. Isso é tão forte na organização que, a despeito de sua intangibilidade, é possível perceber sua presença em todos os artefatos da companhia, por exemplo, na forma de as pessoas se vestirem, em suas instalações espartanas, no vocabulário utilizado por seus colaboradores etc.

"10 Princípios AB InBev"

SONHO

1. O sonho da AB InBev motiva seus funcionários a trabalhar juntos com um único objetivo: ser a melhor cervejaria do mundo em um mundo melhor.
    - Ser a melhor é o que move a gente AB InBev.
    - A AB InBev é do tamanho de seu sonho.
    - O sonho é desafiador, factível e tem consequências para todos.
    - O sonho deve ser atingido de forma responsável.

GENTE

2. Pessoas excelentes, com liberdade para crescer em velocidades condizentes com seus talentos e recompensadas adequadamente, são os ativos mais valiosos da companhia.
    - Gente excelente é fundamental.

- ➜ Gente excelente atrai mais gente excelente.
- ➜ Líderes mantêm os caminhos livres.
- ➜ Gente excelente gosta de meritocracia, informalidade e sinceridade.

3. Na AB InBev, os líderes devem selecionar pessoas com potencial para serem melhores que eles. Os líderes são avaliados pela qualidade de suas equipes.
    - ➜ A AB InBev contrata e seleciona pessoas com potencial para serem melhores que seus contratadores.
    - ➜ Líderes precisam ter tempo para garantir que seu time esteja engajado.
    - ➜ A AB InBev proporciona experiências desafiadoras para ajudar a desenvolver sua gente.

CULTURA

4. A AB InBev nunca está completamente satisfeita com seus resultados. Foco e tolerância zero ajudam a garantir uma vantagem competitiva duradoura.
    - ➜ O que importa são os resultados sustentáveis.
    - ➜ A AB InBev foca no que realmente interessa, no que traz resultado.
    - ➜ Meios são importantes, mas sem resultados não significam nada.
    - ➜ A AB InBev copia coisas que outras pessoas fazem bem.
    - ➜ A AB InBev celebra suas vitórias, mas imediatamente busca novos desafios.

5. O consumidor é o patrão. O relacionamento da AB InBev com os consumidores se dá por meio de experiências significativas de suas marcas, unindo tradição e inovação, sempre de forma responsável.
    - ➜ Consumidores e marcas são o foco da AB InBev.
    - ➜ Conhecer o consumidor AB InBev é a chave para o sucesso.
    - ➜ Tradição é importante para o compromisso da AB InBev com os consumidores.
    - ➜ A AB InBev é embaixadora de seus produtos.

6. A AB InBev é uma companhia de donos. E donos assumem resultados pessoalmente.
   - A AB InBev é formada por donos e isso se reflete em suas decisões.
   - Donos da companhia aceitam responsabilidades e vivem as consequências de suas decisões.
   - A AB InBev constrói seu negócio todos os dias.
   - Donos assumem resultados e desafios pessoalmente.

7. A AB InBev acredita que bom senso e simplicidade orientam melhor que sofisticação e complexidade.
   - Bom senso e simplicidade conduzem a um melhor julgamento.
   - O que a AB InBev faz é resultado do que a AB InBev fala.
   - As decisões da AB InBev são baseadas em fatos e dados.
   - A AB InBev mantém transparência e clareza no que faz.
   - A AB InBev é disciplinada na forma como executa e monitora seus resultados.

8. A AB InBev gerencia seus custos rigorosamente com o objetivo de liberar mais recursos para amparar seu crescimento no mercado.
   - A AB InBev controla seus custos, sempre buscando oportunidades.
   - Empresas "enxutas" não apenas têm mais chance de sobreviver em tempos difíceis, como também prosperam mais que as outras nos bons momentos.
   - A AB InBev usa o "dinheiro que não gera valor para a companhia" para investir naquilo que gera valor e dá apoio a seu crescimento no mercado – coisas que os consumidores veem, tocam e bebem, e aquilo pelo qual eles estão dispostos a pagar mais.

9. Liderança pelo exemplo pessoal é o melhor guia para a Cultura AB InBev. A companhia faz o que fala.
   - Exemplo pessoal, atitudes e comportamento são muito mais poderosos que palavras.
   - A gente AB InBev vive seu trabalho todo dia com paixão e senso de urgência.

> - Liderança é a chave para apresentar resultados, junto com a equipe, fazendo as coisas da maneira correta.
> - Líderes vão onde as "coisas acontecem". O gerenciamento é feito, sempre que possível, a partir de onde se deve estar: no campo.
>
> 10. A AB InBev não recorre a espertezas. Integridade, trabalho duro e consistência são a chave para construir a companhia.
>   - Adotar os mais elevados padrões de integridade na condução do negócio sempre valerá a pena.
>   - A AB InBev não usa "atalhos", malandragens e espertezas.
>   - A segurança da gente AB InBev, a qualidade dos produtos AB InBev e a singularidade da experiência do consumidor AB InBev nunca podem ser comprometidas.

Considerando o desafio de flexibilizar essa cultura organizacional rumo a um modelo mais alinhado com a atual dinâmica dos negócios, faz-se necessária uma revisão da carta de princípios, caso a organização necessite estabelecer novos padrões de comportamento e hábitos de todos os colaboradores do negócio.

Dessa maneira, o exemplo da Ab Inbev suscita ricas reflexões. Em seus princípios, a palavra inovação não é citada em nenhum momento. Da mesma forma, o incentivo ao aprendizado junto a seus colaboradores e uma perspectiva mais aberta ao mercado não dá as caras no documento. Por outro lado, evidencia-se, fortemente, uma reconhecida fortaleza da organização: seu foco em resultados (não à toa, a companhia é uma referência na chamada cultura de resultados, cuja dinâmica e riscos da orientação excessiva já foram apresentados nos capítulos anteriores).

Essa dinâmica dá uma demonstração clara e inequívoca a respeito dos desafios de mudança de uma cultura arraigada há anos no negócio e da necessidade de uma reflexão que integre toda sua estrutura rumo a um sistema de crenças que mantenha sua essência, porém absorva novos elementos mais adaptados ao ambiente externo.

A declaração de princípios de uma organização é um dos artefatos mais poderosos de uma empresa. Em um processo de transformação cultural, deve ser revisada, amplamente analisada e estrategicamente formulada de maneira que reflita a nova cultura desejada para o negócio.

Esse processo de revisão deve fazer parte de uma estratégia ampla de comunicação, visto que permitirá chamar a atenção de todos na organização quanto à profundidade das mudanças.

Não revisar a declaração de princípios organizacionais, alinhando-a ao novo momento da organização, reforça a estagnação e gera confusão nos colaboradores, que não terão a clareza de seu papel e as regras do jogo daquele ambiente.

Como vimos, a temática da transformação cultural é complexa e envolve diversas variáveis. A natureza desse fenômeno só reforça a tese de que as organizações e seus líderes devem ser capazes de discutir explicitamente e de maneira propositiva como são feitas as coisas em sua empresa. Devem ser capazes de enxergar a cultura e seus sistemas.

Tendo todos os elementos necessários para um projeto de transformação cultural expostos, é necessário explorar uma das fases mais delicadas de todo processo: a transição rumo a um novo perfil de cultura organizacional.

QUESTÕES ESTRATÉGICAS PARA REFLEXÃO

1. Ficou claro os riscos de um projeto de transformação cultural que ataca frontalmente o sistema de crenças da organização de forma pouca estruturada e precipitada? Reflita sobre o caso de organizações que estão tendo muita dificuldade na adequação de sua cultura organizacional a esses novos tempos. Essa dinâmica se evidencia nesses casos? De qual forma?

2. É relevante refletir sobre traços presentes na cultura de *startups*, porém sempre tendo como referência principal a manutenção do sistema de crenças da organização. Além dos elementos citados na obra, quais são os traços marcantes da cultura de *startups* que, em sua opinião, são valiosos nos dias atuais? Qual o impacto da adoção desses elementos na dinâmica de organizações tradicionais?

3. Reflita sobre o funcionamento dos silos em uma organização. Como você consegue identificá-los? Qual é o efeito que esse arranjo gera na cultura da organização e em seu funcionamento?

4. De todos os passos para uma mudança cultural, qual é o mais complexo de ser adotado e implementado?

5. Como você percebe a importância dos princípios organizacionais em uma empresa na prática? Procure identificar, em uma organização com princípios formalizados e divulgados, como eles se expressam na prática.

OS DESAFIOS DA TRANSFORMAÇÃO DA CULTURA ORGANIZACIONAL NA PRÁTICA

Para que a mudança cultural exista é necessário um plano estruturado

Elementos de uma mudança cultural:

- O TEMPO
- O SISTEMA DE RECONHECIMENTO DA ORGANIZAÇÃO
- A PARTICIPAÇÃO DA LIDERANÇA NO PROCESSO
- OS PROCESSOS, PRÁTICAS E RITUAIS DA EMPRESA
- A ESTRATÉGIA DE COMUNICAÇÃO

Passos para a mudança cultural:

- RECONHECER O STATUS ATUAL
- ALINHAR A ESTRUTURA COM A CULTURA ALMEJADA
- DERRUBAR OS SILOS
- CONSTRUIR UMA VISÃO COMUM
- REVISAR PROCESSOS
- ADOTAR TECNOLOGIAS ÁGEIS
- IMPLANTAR ESTRATÉGIA DE APRENDIZADO
- UTILIZAR RECURSOS DE COMUNICAÇÃO

Princípios corporativos: Ferramenta poderosa no processo:

- É UM ARTEFATO PODEROSO DA CULTURA
- MOSTRA O "COMO FAZER"
- FORTALECE A COMUNICAÇÃO
- ALINHA TODOS DE MANEIRA SIMPLES E PODEROSA

Como apresentado neste capítulo, um dos movimentos mais instigantes de Transformação Cultural tem acontecido no jornal *Gazeta do Povo*, que faz parte do Grupo Paranaense de Comunicação. Neste talkshow, que tem a participação de **Ana Amélia Filizola**, Diretora da Unidade Jornais e **Guilherme Pereira**, seu CEO, ambos acionistas do grupo, exploramos os desafios práticos de um processo de mudanças que pode representar a prosperidade do futuro sustentável do negócio, porém sem garantia alguma de seu sucesso.

Capítulo 5:
A TRANSIÇÃO RUMO AO NOVO MODELO

Um ambiente em transformação gera inúmeros paradoxos complexos de serem entendidos facilmente. Esse fenômeno está presente na atualidade e se expressa em diversas ocasiões e temáticas como essa da transformação cultural.

A questão que não cala: se todos os agentes do mercado corporativo assumem a mandatória necessidade de mudar a cultura de suas organizações, por que é tão difícil liderar esse movimento na prática?

As evidências quanto ao nível de consciência sobre essa necessidade irrompem a cada pesquisa realizada com líderes empresariais. Além da já citada pesquisa conduzida pela *McKinsey* na Introdução, vale explorar um estudo feito pela professora Betânia Tanure, publicado na revista *Exame*, com dois mil executivos de quinhentas organizações de grande porte que atuam no Brasil, ou seja, um recorte exclusivo de nosso universo.

Boa parte dos 69% dos respondentes que afirmam necessitar de uma mudança de estratégia em seus negócios acreditam que a cultura corporativa atual não é capaz de atender às novas demandas para essa reforma.

Se é necessária a mudança, se todos estão conscientes dessa demanda, qual é a origem da dificuldade de não colocar em curso uma transformação na cultura do negócio?

Como já comentamos, é imperioso reconhecer que forjar uma cultura eficiente em uma empresa está longe de ser uma tarefa trivial. A já citada Carol Dweck, em seu best-seller *Mindset: a nova psicologia do sucesso*, sentenciou que a mudança cultural envolve uma profunda transformação na mentalidade de todos os colaboradores do negócio. A mudança coletiva do *mindset* organizacional.

Como a cultura está entranhada no comportamento de todos os colaboradores e em como as decisões são tomadas, qualquer interferência, para ser bem-sucedida, deve refletir um plano estruturado idealizado e executado com esse fim.

A base para a mudança cultural reside em atividades concretas geradas pelos líderes do negócio. Como já explorado reiteradamente por aqui, reestruturar práticas fundamentais tende a conduzir a novos valores e comportamentos que, como consequência, têm o potencial de alterar as crenças e os pressupostos básicos daquele contexto.

Novamente, é imperativo entender que a cultura é o resultado, a consequência do modo de pensar da organização, e não sua causa.

Para a conversão de estratégia de transformação cultural em um plano concreto de ações, é fundamental o desenvolvimento de um minucioso planejamento para essa caminhada, entendendo os principais elementos que influenciam e estão presentes nesse sistema.

Há uma etapa em todo processo que merece atenção especial, pois é fundamental para o sucesso de todo projeto: seu início ou a fase da transição cultural.

A transição de culturas

Pegando carona em uma metáfora já utilizada aqui que aproxima o processo de transformação cultural a uma maratona, é importante tomar cuidado para não "queimar a largada" e levar tudo a perder. A fase do começo do projeto, em que dá início a transição, inegavelmente, é uma das – se não a mais – estratégica de toda jornada.

Curiosamente, muitas vezes essa etapa é negligenciada pelos líderes organizacionais quando aflora o impulso racional e

> Como a cultura está entranhada no comportamento de todos os colaboradores e em como as decisões são tomadas, qualquer interferência, para ser bem-sucedida, deve refletir um plano estruturado idealizado e executado com esse fim.

autoritário de implantar a solução unilateralmente com a – ilusória – visão de que todos, servilmente, seguiram as deliberações vindas de cima.

Não é bem assim. Mais uma vez é mandatório evidenciar a visão exposta no capítulo anterior: se o sucesso do projeto depende da adesão e do engajamento dos líderes, ele também está vinculado ao mesmo sistema de envolvimento junto a todos os colaboradores da companhia. O sistema é *top down* e *bottom up*.

É justamente essa perspectiva que demanda uma diligência e cuidados constantes com todos os elementos presentes nessa etapa. Sem isso, será o equivalente a pilotar um barco ao sabor dos ventos. O destino pode ser qualquer um.

Nesse planejamento é importante a forma como é enunciada a toda a organização sua relevância. A iniciativa deve ser posicionada, por seus líderes, como a de mais alta prioridade da companhia com a definição clara de um cronograma com ações relacionadas ao projeto.

É necessário acelerar a mudança cultural e, por esse motivo, esse cronograma deve contar não somente com ações de longo prazo. Atividades de curta duração são fundamentais para que o processo ganhe tração e saia da inércia.

Não basta definir um plano de atividades. As ações e as atitudes concretas sempre serão mais valiosas que discursos e palavras bonitas. Mais relevante que informar a todos o que será feito é viver as transformações preconizadas em sua plenitude. Os líderes, em razão de seu valor simbólico como referência na organização, têm papel fundamental, pois sempre estarão sendo observados, de lupa, por todos. Mais uma frase em inglês, cuja tradução literal não a representa em sua plenitude, merece ser citada, pois exemplifica essa postura: *Walk the Talk*. Algo como "fale aquilo que você faz". Rony Meisler, fundador do Grupo Reserva, um dos principais empreendedores do Brasil e a quem temos a honra de ter o endosso na capa desta obra, sempre reitera uma crença em um ditado popular: "Conselho é bom. Exemplo arrasta".

Uma atitude muito relevante que cabe aos líderes da organização ainda com o objetivo de acelerar e preservar o processo de transformação diz respeito à proteção das iniciativas com esse fim do sistema imunológico corporativo. Como se trata de um processo de mudança no *status quo* de todo sistema organizacional, não há dúvida de que causará desconforto em muitos indivíduos. Mais do que uma tese, essa é uma certeza inconteste.

Como já comentamos na Introdução, há uma tendência clara, em projetos como esse, de que os sistemas de sabotagem explícitos e, os mais complexos, implícitos se manifestem desde o primeiro dia de todo processo. Não é possível negligenciar essa perspectiva ou atuar passivamente. Pelo contrário, é imperativo que sejam traçadas estratégias para preservar o plano de mudanças blindando-o da rotina do negócio.

Tenha em mente que durante boa parte da jornada a organização e seus colaboradores conviverão com duas culturas ao mesmo tempo. Haverá elementos da tradicional, enquanto novas práticas, rituais e normas são absorvidos. É necessário preparar a todos, explicitamente, para a instabilidade desse momento de transição.

Não deixa de ser uma ironia a forma como muitos projetos organizacionais são retratados publicamente. Não raras vezes, a jornada é apresentada de forma harmoniosa e homogênea. É como se bastasse "virar a chave" e o novo se consolida. Ledo engano. O processo, em geral, é muito mais caótico e tortuoso que linear e previsível. Essa perspectiva, seus impactos e riscos devem ser enunciados a todos para que não sejam surpreendidos quando o caos se instalar antes da calmaria.

Um caminho recomendado para lidar com essa transição de culturas é a construção de uma abordagem paralela que preserve o novo sem gerar uma ruptura muito violenta no andamento da organização. Essa abordagem pode tanto estar ancorada na construção de um espaço onde se estabelece de forma mais concreta os elementos da nova cultura, como no exemplo do Luiza Labs e toda sorte de estruturas similares a essa que florescem a cada dia no ambiente empresarial; quanto começar a transformação interagindo em elementos que terão mais chances de serem aceitos pelo público como mudanças em processos que, claramente, não estão funcionando, alterações em rituais que mudam a dinâmica do grupo sem que haja uma interferências mais agressiva na rotina dos indivíduos e assim por diante.

Obviamente, o caminho a ser adotado influenciará em sua velocidade e esse vetor deve ser ponderado. Organizações que atuam em setores que estão sofrendo rupturas velozes, cujas ameaças são uma realidade para a sobrevivência do negócio, devem acelerar a transformação valendo-se de todas as estratégias possíveis para ganhar agilidade na tração inicial do movimento. Se a realidade não for essa – o que é uma raridade –, é possível refletir sobre um modelo mais cadenciado. Não há fórmula pronta para essa escolha. Dependerá das condições do negócio, do setor e das características da organização.

Um cuidado essencial nessa opção de construção de uma abordagem paralela é não correr o risco de segregar as culturas criando uma perspectiva do "nós" contra "eles". O oposto deve ser o objetivo: integrar as culturas paralelas até que se tenha um todo homogêneo. Para isso, alguns elementos que serão enunciados ainda neste capítulo são imperativos como o ritmo do processo, o tempo disponível e a comunicação.

Uma vez que utilizamos a metáfora da maratona no início deste capítulo, podemos continuar nela para representar outro risco no processo de transformação. Da mesma forma que é necessário tomar cuidado em não "queimar a largada", é fundamental não perder o fôlego durante toda a jornada e desistir no meio do caminho. Por isso, a cadência do movimento é tão importante quanto à sua velocidade.

Cadência e consistência

Em todo processo de transformação cultural, há uma convicção que é inquestionável: problemas acontecerão ao longo da jornada.

A instabilidade e a incerteza são inerentes à natureza de projetos com essa característica e darão as cartas mais cedo ou mais tarde. Mais relevantes que a expressão dessa perspectiva, no entanto, é a forma como lidar com esses fatos.

Todo e qualquer problema que ocorrer durante a caminhada será uma forma de se certificar se o compromisso com a mudança é profundo ou efêmero. Na hipótese de a organização e seus líderes titubearem, recua-se passos importantes na evolução rumo ao novo, pois todos perceberão e reagirão a esse comportamento.

É por esse motivo que cadência e ritmo são mais importantes que agir de forma veloz atabalhoadamente. Um dos objetivos primários de todos os líderes do negócio deve ser o compromisso de manter a evolução constante do projeto aconteça o que acontecer. Com certeza, correções de rotas serão necessárias, porém o destino enunciado deve ser preservado. Aqui vale aquela máxima, que em algumas situações é mal interpretada: o bom é inimigo do ótimo. Ritmo e cadências são mais relevantes que exatidão ou precisão. Se for necessário deixar algo pelo caminho que pode ser recuperado no futuro em prol da constância do movimento, é melhor que assim o seja.

Nessa travessia, a todo momento, o modelo será questionado e colocado à prova, sobretudo por aqueles resistentes à mudança. A consistência de todos os comportamentos e atos deve ser um dos pontos de maior atenção para preservar a jornada. A diligência deve ser a maior possível na análise de todos os movimentos relacionados ao projeto. Todo o time de líderes deve estar comprometido, irremediavelmente, com as decisões deliberadas e serem "escravos" dos combinados. Qualquer atitude que não tiver consonância com a integridade de todo processo será evidenciada prontamente e utilizada como prova de que "tudo isso não vai dar certo". Disciplina é uma das palavras-chaves dessa jornada e deve permear todas as práticas, sobretudo, dos líderes do negócio.

Como em todo processo de transformação, existirão pessoas que abraçarão a mudança e outras que a repudiarão. O sucesso do projeto, no entanto, está relacionado ao nível de engajamento que conquistará junto a todo sistema corporativo. É necessário refletir, em sua implantação, quem estará no barco e quem será convidado a desembarcar.

Pessoas certas no lugar certo

Uma das convicções mais penosas em processos de transformação profunda como o cultural, é que as pessoas que construirão a organização ou que a levaram até aquele ponto não necessariamente são as mais aptas a alçá-la a outro patamar. Essa é uma das decisões mais doloridas para qualquer líder empresarial ao se dar conta que contribuições inestimáveis para o êxito da companhia no passado já não são adequadas para seu crescimento e sua evolução. A carga emocional envolvida nessa visão é enorme e não pode ser subestimada. No entanto, essa perspectiva é concreta e norteará o progresso da organização: quem são as pessoas que devem ser mantidas no projeto e quais devem ser dispensadas.

Essa reflexão deve se iniciar por cima, refletindo sobre o perfil do principal líder do negócio, seu CEO ou presidente.

Uma referência global de transformação cultural aconteceu no setor de brinquedos e foi protagonizada pela mítica marca Lego. Em 2003, prestes a completar 80 anos de existência, a empresa estava praticamente quebrada. As vendas, nesse ano, despencaram 26%, e o prejuízo bateu 200 milhões de dólares. A empresa tinha sérios problemas de caixa e a percepção geral era de que ela não sobreviveria.

Treze anos depois, em 2016, a mesma companhia reportou resultado recorde com as vendas, atingindo a marca de 5,4 bilhões de dólares e o lucro líquido de cerca de 1,3 bilhão de dólares.

Quais as causas dessa guinada em um curto período de tempo? O que levou a empresa, outrora sentenciada ao fracasso, a atingir resultados tão vistosos e expressivos?

A transformação cultural da organização, que colocou a inovação na pauta prioritária de sua agenda, está no centro dessa discussão. Esse movimento foi deflagrado em 2004, quando

Jørgen Vig Knudstorp assumiu a presidência da companhia, sendo o primeiro executivo sem parentesco com a família fundadora a assumir a liderança.

O principal diagnóstico daquele momento foi de que a organização não estava conseguindo sobreviver à digitalização do mundo com a popularização dos computadores e dos videogames junto ao seu *target* principal, as crianças.

Sob a liderança de Knudstorp, foi deflagrada uma transformação radical que teve como orientação principal fortalecer a área de inovação da companhia com o desenvolvimento constante de novos produtos e projetos. Mais da metade de todos os produtos da companhia atualmente são lançamentos, o que demanda esforço e foco constantes no desenvolvimento de novos materiais, brinquedos e cenários. São mais de trezentos novos itens lançados todo ano pela organização.

Os fundadores da organização reconheceram que para prover uma transformação desse porte seria necessário trazer um executivo de fora, visto que as competências necessárias para esse novo momento não estavam presentes nos líderes de até então.

A resistência ao ingresso de profissionais egressos de fora da organização é um dos obstáculos a movimentos como esse. Organizações cuja cultura se tornou muito fechada ao exterior, inflexível, tendem a ser mais impermeáveis ao ingresso dos chamados *outsiders*. Em prol da manutenção do corporativismo corporativo e a – suposta – preservação dos profissionais de dentro da empesa, estabelece-se um comportamento, que em geral é tácito, de resistência e sabotagem a novos colaboradores. O resultado é uma baixa aderência a novas visões de mundo e o risco da não mudança. Como toda verdade absoluta cunhada em outra realidade corporativa e social, a visão hermética da valorização da estabilidade do perfil de colaboradores também deve ser confrontada.

Jeff Immelt, ao explorar os motivos dos desafios da transformação cultural da GE, afirma que a receptividade a contribuições externas de novos colaboradores tem sido um dos obstáculos à mudança. O ex-CEO da companhia comenta que os executivos tradicionais de tecnologia da GE percebiam os novos colaboradores, contratados para o projeto de transformação digital da companhia com um perfil de engenheiros de sistemas e softwares, como ameaças, e não como aliados. Esses últimos, por sua vez, ao se incorporar à organização se desmotivavam rapidamente ao perceber a velocidade e a forma como a empresa operava. Adoravam a missão da companhia, mas detestavam sua burocracia. Essa dinâmica fez com que todo potencial derivado da contribuição de novos talentos e modos de pensar sucumbisse perante a uma cultura inflexível que mais assemelhou a organização a um órgão público do que uma empresa que foi referência outrora.

Não se trata aqui de instilar uma visão que sentencia a necessidade inexorável de atrair novos colaboradores ao negócio. A proposta é gerar uma reflexão aberta e descomprometida com dogmas que considere outras possibilidades.

O já citado êxito na transformação cultural do Magazine Luiza, por exemplo, teve como protagonista um líder que, por mais que não tenha sido formado na organização tendo experimentado outras experiências antes de ingressar como líder do projeto digital na empresa, pertence à família dos fundadores. Não deixa de ser um *insider*, porém que absorveu, em seu repertório, outras referências.

Não há receita de bolo ou sentença definitiva a essa questão. As escolhas serão mais ou menos certeiras de acordo com a aderência do líder à cultura do negócio e sua capacidade de engajar pessoas com a visão da transformação, não importando se sua origem é de dentro ou de fora.

John Chambers da Cisco era um *outsider* e, em sua jornada exitosa, dedicou-se a trazer novas contribuições ao projeto original da companhia. Sua visão é bastante particular quando o assunto é contribuições internas ou externas. Ele comenta que, como o crescimento do negócio era muito acelerado, 60% dos líderes da companhia eram oriundos de contratação externa, enquanto 40% vieram de promoções internas. Essa dinâmica foi resultante da dificuldade de desenvolver líderes internamente na velocidade requerida pelo ambiente.

Novamente, é forçoso gerar uma reflexão sobre esse elemento. A velocidade requerida no processo de transformação também será um importante vetor para o equilíbrio entre contribuições externas ou internas. Há tempo para a formação interna de profissionais com o novo perfil requerido ou é necessário atrair novas competências mais rapidamente?

Mais uma pergunta sem resposta definitiva. É uma decisão que merece uma profunda reflexão com a realização de testes para a validação de estratégias que serão mais ou menos adequadas a determinado ambiente. Um aspecto, porém, deve ser preservado: não importa se egressos de fora ou de dentro da organização, mais importante que ter pessoas excelentes tecnicamente ou bons líderes, a empresa deve se dedicar a trazer ou manter indivíduos que entendam e estejam alinhados com a cultura almejada. Aqueles não orientados com essa visão não devem ser contratados e, se forem colaboradores atuais do negócio, devem ser monitorados continuamente e informados com transparência sobre esse desalinhamento. Se mesmo assim, não houver mudança de comportamento, é necessário que sejam desligados da organização mesmo que sua performance técnica seja favorável. Preservar com convicção o propósito da transformação vai requerer decisões desconfortáveis e nada populares de seus líderes. Esse desafio faz parte da caminhada.

Cabe uma observação relevante relacionada a essa tese sobre a manutenção ou não dos colaboradores atuais da organização. Não necessariamente os executivos substituídos não são destituídos de competências relevantes. Pelo contrário, esses indivíduos, via de regra e por causa da posição que ocupam, provaram seu valor ao longo da história da companhia. No processo de transformação, no entanto, são absorvidos novos traços na cultura do negócio que, muitas vezes, não estão alinhados com seu sistema de crenças pessoais. Trata-se de um processo natural em movimentos de mudanças. Essa visão deve ser transparente, não somente junto a esses valiosos colaboradores de outrora, garantindo a integridade de um momento tão delicado, quanto com toda a organização. É imperativo que estejam claros e sejam enunciados, claramente, os motivos dessas mudanças da forma mais natural que uma situação complexa como essa permite. Assim, não somente haverá a garantia da preservação pessoal de cada indivíduo que passar por uma transição dessa natureza, como será expresso um sinal inequívoco a todos os colaboradores que se mantiverem no negócio daquilo que é almejado com a mudança e do respeito com as pessoas nessa jornada.

Essa coerência e consistência – olha ela mais uma vez presente – em decisões dessa natureza deve ser perseguida sem margem de erro ou negociação e dará as cartas, sobretudo, nos processos de contratação de novos colaboradores. A partir do momento em que está claro os elementos desejados da nova cultura, todo processo de atração de indivíduos para atuar na organização deve basear-se no *fit* cultural (adaptação cultural, em português) dessa pessoa com o sistema de crenças da companhia. Reiterando que essa dimensão é até mais representativa que a das competências técnicas: é mais fácil preparar tecnicamente uma pessoa alinhada com a cultura desejada do negócio do que vice-versa.

A prática de atração de novos talentos para a organização também responde a uma demanda imperativa em processos de transformação: a necessidade de diversidade no sistema de pensamento. Há uma tendência natural de líderes contratarem e promoverem pessoas que ostentem modelos mentais similares aos deles. Essa predisposição se expressa ao observarmos companhias cujos colaboradores podem ser reconhecidos à distância: o gestual, o modo de se vestir, seu vocabulário, enfim, tudo se assemelha. Se não houver diversidade e abertura para novos modos de pensar, a inclinação é que todos concordem com a visão de quem seguem sem questionamentos ou reflexões para privilegiar o *status quo*. As bases para a não mudança estão instaladas.

Com o tempo, essa orientação desestimulará os principais talentos que buscam seu protagonismo e, além do risco da baixa performance, é eminente a perspectiva de perda de indivíduos promissores para o mercado que partem em busca de locais onde são ouvidos e privilegiados. A diversidade estimula o *growth mindset*. A monotonia de pensamento, o *fixed mindset*.

Os anos recentes têm mostrado a relevância da diversidade em todos os campos da sociedade. Via de regra, esse conceito está atrelado à inserção das minorias ou aos menos privilegiados. A esse conceito, integramos a visão da diversidade sob o espectro mais amplo de seu entendimento. Um ambiente onde pessoas com diferentes estilos e experiências podem ser ouvidas gerando impacto é um ambiente mais valioso que um homogêneo sem diversidade de pensamentos. Essa é uma dimensão imperativa para a criação de uma cultura de aprendizado.

Aliás, uma cultura de aprendizado demanda a necessidade da criação de um sistema de gestão do conhecimento na empresa. Esse é um instrumento que permitirá a aceleração do processo de aprendizagem de todo sistema.

Um ambiente que estimule o aprendizado

Estimular o aprendizado na organização é um dos pontos mais importantes para criar uma cultura que tenha essa dimensão em seu cerne. Não é de hoje que há a visão a respeito da relevância de se desenvolver espaços de aprendizado dentro das companhias a fim de educar os colaboradores quanto a tudo que rege determinado sistema corporativo. Dessa convicção surgiram as Universidades Corporativas que se popularizaram nos anos 1990 como resposta a essa demanda. É necessário, no entanto, aprofundar os processos de educação corporativa visando a uma maior adequação a essa nova realidade.

Esse tema é tão relevante que no *Gestão do amanhã* dedicamos um capítulo inteiro para explorar o novo modelo de educação corporativa. Sem almejar um aprofundamento maior no tema, resgatamos uma visão apresentada em nosso projeto anterior: a educação deve se dedicar a ensinar aquilo que quem aprende não sabe.

Pode parecer uma obviedade, mas o fato é o que os sistemas formais e tradicionais de educação dão seu foco em ensinar conteúdos que já estão disponibilizados e de fácil acesso a todos, sobretudo, na internet. É imperativo que esses sistemas se dediquem a contribuir para que seja estimulada a capacidade cognitiva de seus alunos. Em um processo de transformação, essa é uma dimensão de absoluta relevância, pois todos estão aprendendo a lidar com um novo contexto distinto do repertório já estabelecido.

A organização deve planejar um ambiente de aprendizado disponibilizando recursos materiais para que todos os colaboradores aprendam e reflitam sobre todos os elementos do processo de aprendizado. Os líderes devem se preparar para educar seus colaboradores tendo o desprendimento de não ter as respostas prontas para todas as perguntas que surgirão pelo caminho.

Esse sistema de gestão do conhecimento deve ser estruturado em uma plataforma que permita o compartilhamento de todos os conteúdos, porém mais relevante que a tecnologia é o comportamento proativo de educar a todos em todos os momentos.

O aprendizado deve fazer parte integrante da descrição do cargo de cada colaborador, de seu *job description*. Mais do que um comportamento desejado, aprender deve estar no topo das obrigações de cada indivíduo da organização que, por seu turno, deve prover, de forma proativa e deliberada, as condições para que esse processo ocorra em sua plenitude.

Nesse sistema, não basta disponibilizar apenas recursos materiais, é necessário destinar um dos recursos mais valiosos para toda organização e indivíduo: o tempo.

A velocidade de absorção do novo conhecimento proveniente dos elementos da nova cultura serão proporcionais ao tempo investido na capacitação de todos quanto a essa realidade.

Aliás, tempo é um dos elementos mais relevantes em qualquer processo de transformação cultural.

O tempo

Mudanças de peso não acontecem em um curto espaço temporal, posto que as interferências são realizadas em um sistema de crenças consolidado há anos – ou, em boa parte dos casos, há décadas. Se a variável de tempo não for respeitada, corre-se o risco de o processo ser abortado por sabotadores antes de sua maturação, por "não estar gerando os resultados planejados".

Sem tempo disponível para a consolidação de todo o processo, não há transformação substancial. É necessário que essa dinâmica seja ponderada e calculada desde seu início e medidas concretas sejam adotadas para acelerar essa transição.

Observe alguns dos bem-sucedidos casos de transformação cultural já citados aqui. O caso do Magazine Luiza teve início dezesseis anos antes da promoção de Frederico Trajano, em 2000, quando ingressou na organização para assumir a direção de sua operação digital, que foi o embrião de todas as transformações que começaram a dar frutos concretos recentemente. No momento em que foi promovido a CEO, em 2016, ele acelerou as mudanças que culminaram com o êxito atual.

No caso da Lego, a jornada levou treze anos até atingir seu ápice.

Se não fosse respeitado o tempo requerido para a consolidação de todas as mudanças, parte integrante em toda jornada para obtenção do êxito almejado, a evolução não aconteceria.

É óbvio que essa dimensão esconde um paradoxo instigante: como ter tempo disponível para o sucesso em todo processo se as organizações estão justamente espremidas pela velocidade dos acontecimentos? Um dos mantras mais populares, atualmente, é "não temos tempo a perder".

O paradoxo reside justamente nessa dimensão: é exatamente por não ser possível perder tempo que é requerido desenvolver mecanismos formais que acelerem esse ciclo. Não é subjugando a demanda por essa dimensão que os problemas serão resolvidos.

Muitos se questionam sobre qual o período de tempo necessário para um processo como esse. Em conversas com executivos que lideram ou participaram de movimentos similares, existe uma crença que esse período leva de três a cinco anos. No entanto, ainda não existem pesquisas ou estudos assertivos a esse respeito. Em razão da heterogeneidade de ambientes e dos níveis de complexidade distintos, é possível inferir que essa variável é muito particular e dependerá de cada companhia. Por outro lado, reiteramos: não é possível desconsiderar a necessidade de tempo para maturação do projeto. Se isso não ocorrer, as tentações para voltar à zona de conforto falarão alto junto a toda organização e a armadilha de desistir da evolução do processo pode vencer o desconforto da transição.

Para acelerar a adaptação da organização ao novo modelo, estratégias devem ser utilizadas como, por exemplo, alinhar o sistema de recompensa e reconhecimento da companhia a esse novo contexto.

Os sistemas de recompensa e reconhecimento

Outro artefato muito representativo da cultura de uma organização que tem papel-chave em todo processo de transformação e deve ser ponderado desde sua fase inicial é o sistema de recompensa e reconhecimento da companhia. São seus componentes não só o sistema formal, representado pela remuneração financeira – salários, bônus e similares –, mas também todos os atos realizados com o intuito de reconhecer e premiar, explícita ou implicitamente, todos os esforços individuais gerados em determinado ambiente.

Para a transformação cultural de uma organização ser sólida, é necessário o alinhamento de seu sistema de reconhecimento ao novo sistema. Um pensamento orientado à inovação, cujos resultados são gerados em longo prazo, não é compatível, por exemplo, com um modelo de remuneração que apenas premia ganhos de curto prazo.

Quando assumiu a liderança da Lego, Knudstorp, também interferiu nesse sistema para estimular a cooperação entre seus colaboradores. Com o intuito de fomentar a inovação, derrubando os silos e os feudos corporativos, foram formadas equipes multidisciplinares que se organizam por temas e tem objetivos específicos. Para alinhar esse esforço ao resultado desejado, a companhia reestruturou seu sistema de remuneração. Além do salário, todos os funcionários passaram a receber bônus anuais de acordo com a aceitação de mercado dos novos produtos que desenvolveram em seus núcleos.

Para consolidar o conceito de centralidade do cliente na cultura da Best Buy, todo sistema de remuneração foi revisto. Os consultores, especializados na implantação dos equipamentos junto aos clientes, têm como foco a construção de relacionamentos de longo prazo com esses agentes e, por esse motivo, recebem remuneração anual em vez de serem recompensados por hora trabalhada. Aqueles que fazem atendimento por telefone não são mensurados pela rapidez das chamadas, e sim por sua qualidade. Não raras as vezes, as ligações duram noventa minutos até que o problema do cliente seja sanado. Esse é o principal foco dessa cultura e se o sistema de reconhecimento e recompensa não acompanhar essa lógica, os sinais emanados ao grupo serão contraditórios.

Essa estrutura de remuneração vem acompanhada do reconhecimento público dos profissionais que se destacam em sua atividade. Os dois sistemas, remuneração mais reconhecimento, evoluem em sinergia.

A importância de ressaltar uma visão abrangente do sistema se faz necessária, visto que, em regra, as pessoas se sentem mais estimuladas com o reconhecimento público que exclusivamente com a recompensa financeira. Ser percebido de forma positiva por um universo representativo de indivíduos que pertencem ao mesmo grupo reforça o sentido de aceitação e aumenta a autoestima do colaborador. A remuneração financeira tem um efeito mais individual em toda essa estrutura.

É importante estar claro que não é pelo fato de ocupar um lugar secundário em todo o sistema que os salários e os benefícios tangíveis não são relevantes para o indivíduo. Pelo contrário, são fundamentais e devem estar alinhados com a nova cultura, tendo em vista que são artefatos importantes não só para o colaborador, como também para outros agentes, visto que são observáveis por quem é de fora do ambiente.

Não estamos preconizando que se negligencie o sistema de remuneração formal, e sim que todos os esforços de reconhecimento, tácitos e explícitos, estejam alinhados com o novo modelo.

A proposta é incorporar o foco na transformação cultural a essa dimensão para ponderar sobre qual o modelo de recompensa e reconhecimento contribuirá com o processo de estímulo e engajamento de todos com a nova visão da organização. É importante, por exemplo, refletir sobre como esse novo modelo estimulará o comportamento de aprendizado de todos na organização. Se essa é uma dimensão requerida, esse sistema deve refletir essa importância recompensando, de alguma forma, aqueles alinhados com esse comportamento desejado.

Se, por um lado, existem benefícios incontestes de um modelo alinhado com as mudanças; por outro lado, o desalinhamento gera riscos até mais expressivos, uma vez que vai contribuir para a desmobilização e a incredulidade de todo projeto. A estratégia de remuneração e reconhecimento é parte integrante da estratégia de transformação cultural e deve ser planejada desde o início da jornada.

Essa política deve ser apresentada de forma clara e transparente para toda organização a fim de contribuir para o entendimento de todos quanto à sua dinâmica e relevância. Mais uma vez, a comunicação é elemento-chave dessa estratégia.

A comunicação

Aquilo que não é percebido não existe. Se as pessoas não entenderem e não tiverem uma percepção clara de qualquer processo, suas motivações e seus objetivos, terão dificuldades para se engajar no movimento.

Essa lógica adquire contornos mais críticos em projetos de transformação cultural. Como já exploramos aqui, cultura organizacional é um conceito muito vago e distante da realidade dos indivíduos em geral. Sua intangibilidade dificulta um entendimento mais racional, o que afasta as pessoas que têm a tendência pela predileção de objetos mais concretos, tangíveis, de mais fácil observação.

A comunicação é um dos elementos mais relevantes de todo processo de transformação, pois contribui para a tangibilização e a concretização de todos seus elementos. Essa estratégia deve ser planejada e executada minuciosamente, desde a implantação do projeto. A propósito, é justamente na largada de todo movimento, em seu início, que deve ser dada atenção especial, pois o objetivo é engajar o mais rapidamente as pessoas com a nova perspectiva, mitigando os riscos das resistências e potencializando a motivação pela mudança.

Os líderes da organização têm papel-chave nesse processo e serão os principais porta-vozes do projeto de comunicação. Tão importante quanto entender qual a estratégia da organização com a mudança é compartilhar os caminhos de todo projeto, seu *roadmap*, expondo a todos os colaboradores suas fases, seus objetivos e seus resultados almejados.

A essa visão da jornada deve ser reforçado e evidenciado o que se espera das pessoas e o que tudo aquilo tem a ver com elas. Questões sobre qual é o papel de cada um nesse movimento e o que é requerido e desejado individualmente devem ser apresentadas e exploradas continuamente nessa estratégia. Se o indivíduo não correlacionar como todo movimento está relacionado com sua realidade pessoal, sua entrega não será plena, pois não entenderá os benefícios da mudança.

Apesar da relevância de um projeto de comunicação no início do processo de transformação, é importante manter a cadência e a consistência de todo programa ininterruptamente. Da mesma

> Aquilo que não é percebido não existe. Se as pessoas não entenderem e não tiverem uma percepção clara de todo o processo, de suas motivações e seus objetivos, elas terão dificuldades para se engajar no movimento.

maneira que o projeto de transformação cultural é contínuo e leva tempo para se consolidar, a estratégia de comunicação deve acompanhar todo esse ciclo adaptando a mensagem de acordo com as fases do processo.

Quando as iniciativas de mudança começarem a gerar resultados ou referências concretas, é importante que esse projeto evidencie as narrativas poderosas que acontecem na companhia relacionadas a resultados ou comportamentos favoráveis de colaboradores que foram consequência do processo. Essa estratégia é muito valiosa, na medida em que favorece a identificação de todos os indivíduos da companhia com outros que conhecem ou que desenvolvem atividades similares. A iniciativa está integrada ao sistema de reconhecimento da organização e transmitirá uma mensagem única sobre o que é, cada vez mais, valorizado naquele ambiente.

A comunicação deve fortalecer o propósito da companhia criando um senso de unidade comum a todos seus participantes. Essa coesão da visão corporativa será de absoluta relevância no reconhecimento de todos quanto aos caminhos a serem traçados e, quando bem explorada, fundamental no incremento do engajamento de todos com o processo.

Não é à toa que todas as organizações líderes da atualidade utilizam esse recurso fortemente em suas estratégias de engajamento de seus colaboradores. O já citado caso da Amazon mostra como essa orientação está introjetada em todas as práticas da organização como nos exemplos que mencionamos: o nome dos prédios (Day One), o ritual das reuniões com a cadeira vazia do cliente, as tradicionais Cartas aos Acionistas de Jeff Bezos ou a valorização dos princípios da companhia enunciados de maneira transparente, clara e frequente. Nenhuma dessas iniciativas são ações pontuais ou casuais. Todas elas obedecem a um planejamento, minuciosamente, estruturado visando comunicar e engajar a todos os mais de seiscentos mil colaboradores da empresa em todo o mundo sobre sua visão de mundo.

Sem uma estratégia de comunicação eficiente, corre-se o risco de que mesmo um projeto de transformação completo, integrado, que envolva todas as frentes do negócio, seja ignorado pelos colaboradores e sua adoção não aconteça plenamente.

Sumarizando, os principais elementos no período de implantação e transição de um projeto de transformação cultural, que devem ser alvo de uma análise criteriosa e específica, são:

- A transição das culturas;
- A cadência e consistência;
- Pessoas certas no lugar certo;
- O ambiente que estimule o aprendizado;
- O tempo;
- Os sistemas de recompensa e reconhecimento;
- A comunicação.

Cabe ao líder principal do negócio zelar pela preservação de todo esse sistema e ser um de seus protagonistas principais. O papel desse líder é tão relevante e amplo que dedicaremos um capítulo mais abrangente para explorar suas responsabilidades.

QUESTÕES ESTRATÉGICAS PARA REFLEXÃO

1. Dos sete elementos presentes em um processo de transição de culturas, em sua opinião, qual é o de maior complexidade em sua gestão? Por quê?
   - A transição das culturas;
   - A cadência e consistência;
   - Pessoas certas no lugar certo;
   - O ambiente que estimule o aprendizado;
   - O tempo
   - Os sistemas de recompensa e reconhecimento;
   - A comunicação.

2. Reflita sobre projetos de transformação cultural que conhece ou estudou. Como aconteceu a transição entre os novos elementos da cultura daquela organização com os tradicionais? Como foi esse alinhamento?

3. Em sua opinião, como harmonizar, na prática, o equilíbrio entre colaboradores de dentro da companhia (*insiders*) com os de fora (*outsiders*) em um processo de transformação cultural? Quais são os principais cuidados práticos para que esse movimento seja bem-sucedido?

4. Observe o sistema de remuneração de uma organização que esteja familiarizado. Quais são os sistemas de remuneração (formais) e reconhecimento (simbólicos) adotados pela organização? Como esse sistema influencia na cultura da organização? Quais sinais ele oferece a seus colaboradores e como os impulsiona e motiva?

5. Reflita sobre os mecanismos de comunicação de uma organização que tenha atuado ou que esteja familiarizado. Quais são os elementos mais relevantes dessa comunicação? Como é seu impacto junto aos colaboradores da empresa?

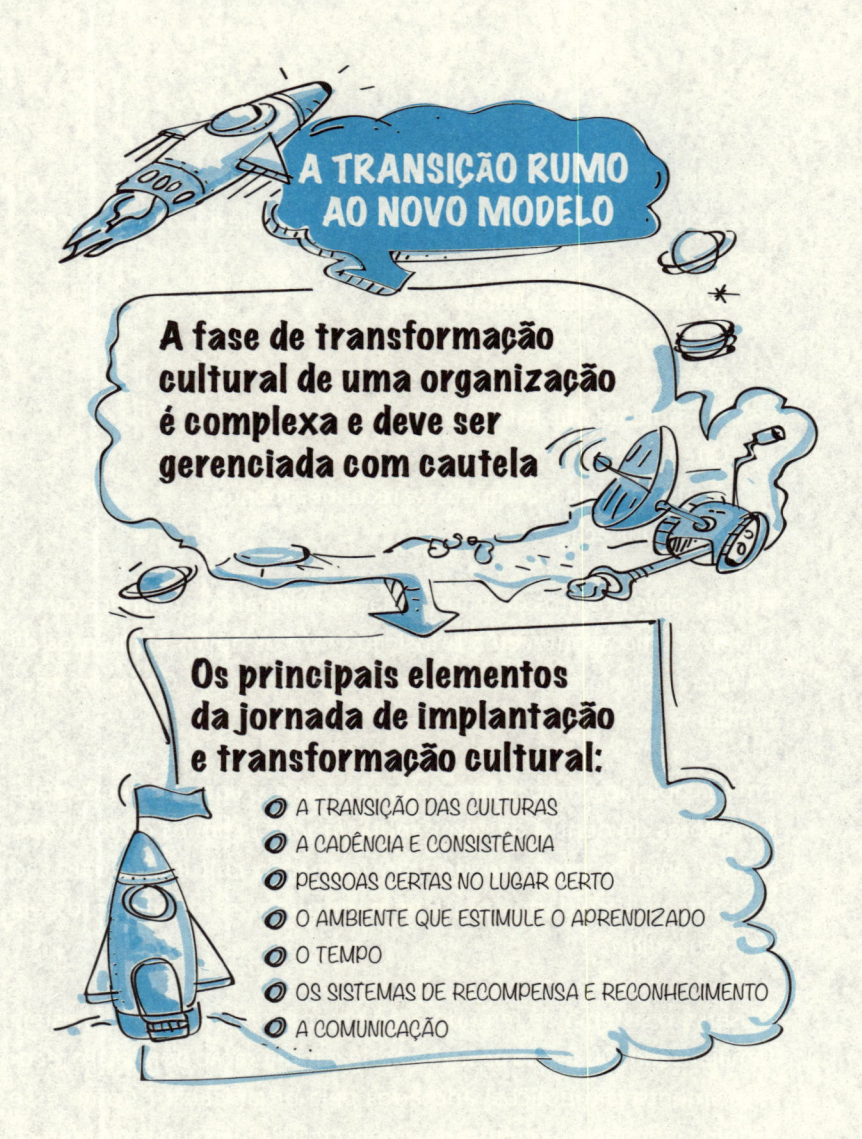

A TRANSIÇÃO RUMO AO NOVO MODELO

A fase de transformação cultural de uma organização é complexa e deve ser gerenciada com cautela

Os principais elementos da jornada de implantação e transformação cultural:

- A TRANSIÇÃO DAS CULTURAS
- A CADÊNCIA E CONSISTÊNCIA
- PESSOAS CERTAS NO LUGAR CERTO
- O AMBIENTE QUE ESTIMULE O APRENDIZADO
- O TEMPO
- OS SISTEMAS DE RECOMPENSA E RECONHECIMENTO
- A COMUNICAÇÃO

Nos últimos anos, o nome de **Guilherme Horn** esteve associado à evolução da inovação no Brasil. À frente da área de Inovação da Accenture, o executivo esteve envolvido diretamente em projetos ambiciosos de transformação junto as principais organizações do país. Neste talkshow, o executivo articula sua visão sobre esse processo compartilhando sua valiosa experiência prática.

Capítulo 6: O PAPEL DO CEO COMO GUARDIÃO DO PROCESSO DE TRANSFORMAÇÃO CULTURAL

Sem a participação ativa e genuína da liderança do negócio, principalmente de seu CEO e/ou acionistas, todo e qualquer projeto de transformação cultural está fadado ao fracasso. Ao tomar a decisão por deflagrar um movimento com essas características e profundidade, essa convicção deve estar translúcida para todos os envolvidos, principalmente, a parte mais afetada pela sentença: o CEO ou o líder do negócio.

Como o leitor já deve ter observado diante de toda construção realizada até aqui, toda e qualquer interferência no sistema de crenças de qualquer organização envolve uma alta complexidade e gestão de diversos vetores integrados.

A pouca previsibilidade dos efeitos da mudança, principalmente, no curto prazo, requer o compromisso da alta gestão da empresa para garantir a evolução do projeto de acordo com o planejado inicialmente.

Certamente, pressões surgirão de todos os lados, pois o *status quo* estará sendo confrontado com uma nova visão de mundo e o alarme de resistência à mudança e à manutenção da zona de conforto do sistema corporativo vai disparar.

Inúmeras vezes os líderes serão tentados e provocados a desviar a rota e interromper o projeto em nome da – fatídica – estabilidade. O fato concreto, no entanto, é que o processo de mudanças é irreversível, e quem não entender essa máxima, ficará pelo caminho – assim qual muitas organizações, já citadas aqui, ficaram.

Os líderes da organização, além de seu papel funcional como executivos, possuem uma atribuição simbólica de importância extrema para o negócio. Como tal, são artefatos importantes da cultura organizacional, visto que todos os seus atos, decisões e comportamentos são observados, de lupa, pelos participantes do ambiente que lideram.

No caso da transformação do Magazine Luiza, a figura de Frederico Trajano como novo CEO deu sinais inequívocos da seriedade da decisão de transformar a empresa, pois, além de fazer parte da família fundadora do negócio, já atuava na organização liderando seus negócios digitais desde 2000.

Quando assumiu a presidência da organização, em 2016, o mercado financeiro questionou sua capacidade de recuperar o negócio, visto que tinha pouca experiência em posições de liderança com essa responsabilidade. No entanto, sobretudo para o público interno, fortaleceu-se a visão de que as mudanças eram para valer e seriam realizadas de qualquer forma.

É inegável que essa conexão foi fundamental para a evolução bem-sucedida de todo projeto e, conforme os resultados positivos foram aparecendo ao longo do tempo, fortaleceu-se a convicção sobre os rumos a serem adotados pela organização para a construção de seu futuro.

Essa mesma dinâmica simbólica do líder do negócio está representada de forma clara e translúcida na figura de personalidades que estão conduzindo organizações líderes dessa nova economia como Jeff Bezos na Amazon; Red Hastings na Netflix; Satya Nadella na Microsoft, entre tantos protagonistas que entenderam seu papel no fortalecimento da cultura junto a todos os agentes empresariais.

A liderança pelo exemplo ganha contornos ainda mais intensos em uma transformação cultural, uma vez que o ritmo das mudanças e da consolidação de novas práticas, processos e rituais será dado por seus líderes.

Imagine uma situação com essas características, em que é instituído um novo ritual, por exemplo, reuniões estratégicas periódicas para o acompanhamento do desenvolvimento de projetos inovadores.

Nas primeiras reuniões, todos os líderes participam desses encontros, incluindo seu CEO.

Ao primeiro sinal de outra demanda, no entanto, o líder ausenta-se dos encontros e começa a delegar sua presença para executivos de menor patente.

Ao adotar esse comportamento, esse executivo está dando sinal inequívoco da prioridade daquela frente em relação às outras demandas do negócio. De pronto a equipe entende o recado e, tacitamente, delega todas as atividades desse universo ao mesmo nível de prioridade conferido pela liderança.

A tendência é que, com o tempo, a reunião "estratégica" se esvazie, e esse ritual seja extinto ou perca a relevância. A consequência é que as iniciativas orientadas à inovação caiam na vala comum de todas as outras da empresa e o barco continue navegando na mesma direção em que sempre navegou. O resultado, já sabemos de cor e salteado: a cultura organizacional não muda.

Ao decidir irromper um movimento de transformação cultural, o líder deve estar ciente de sua responsabilidade em todo o processo. É necessário estar bem claro que dimensões seu trabalho exigirá: a prática, com a execução das atividades que devem ser realizadas e priorizadas; e a simbólica, com o cuidado minucioso com todos os seus comportamentos, decisões e atos que emitirão sinais recebidos com especial atenção por todo o ecossistema organizacional.

John Chambers pontua em sua obra (a já citada *Connecting the Dots*) que as quatro principais responsabilidades do líder são:

- Alinhar a visão e a estratégia da companhia;
- Recrutar, reter, desenvolver e substituir os executivos do time de liderança;
- Criar e conduzir a cultura da organização;
- Comunicar toda estratégia acima a toda a organização.

> A liderança pelo exemplo ganha contornos ainda mais intensos em uma transformação cultural, uma vez que o ritmo das mudanças e da consolidação de novas práticas, processos e rituais será dado por seus líderes.

Todas as responsabilidades enunciadas pelo ex-CEO da Cisco têm extrema relação com a cultura corporativa do negócio:

- sua visão e sua estratégia devem estar alinhadas com o sistema de crenças da companhia. Quanto maior for esse alinhamento, maior a chance de êxito da organização;
- a capacidade de recrutar e reter os melhores talentos será tão bem-sucedida quando estiverem claros os valores daquela organização para que indivíduos entendam o alinhamento com seus valores pessoais – quanto maior a clareza da cultura de uma empresa, mais facilitado será o processo de atração de pessoas alinhadas com essa visão;
- a comunicação, como já vimos, é uma das estratégias essenciais para o sucesso da transmissão do sistema de crenças da empresa junto a todos os colaboradores, sendo o CEO um de seus principais protagonistas.

Essa visão só fortalece uma perspectiva que deve ser reforçada continuamente junto a esse agente: o CEO é o guardião da cultura corporativa de qualquer negócio e, em processos de transformação cultural, o principal garantidor da evolução do projeto.

Para atingir esse objetivo, o líder deve liderar mais e gerenciar menos. Cabe a ele definir a direção e permitir que seu time navegue por essa jornada de acordo com a rota enunciada. Ao cuidar da microgestão e se envolver em temas não estratégicos, o líder estará desempoderando sua equipe, tirando seu protagonismo e colapsando todo sistema, visto que há a tendência por uma acomodação maior desses agentes que não colocarão a mão na massa com o engajamento e a proatividade necessárias. O líder deve supervisionar o andamento de todo projeto de acordo com as fases predefinidas no planejamento e criar rituais de acompanhamento que lhe permitam estar próximo de todo processo acompanhando sua evolução e, quando necessário, corrigindo rotas.

A imprevisibilidade de um projeto de transformação cultural gerará medo e insegurança junto a todos do time. Essa dinâmica impactará cada indivíduo de alguma forma. Alguns sentem mais, outros menos. O fato concreto, porém, é que ela estará presente no ambiente de forma, muitas vezes, tácita (dependendo da cultura dominante daquele contexto). O medo do desconhecido, normalmente, está no centro dessa percepção e é uma das principais fontes de resistência à mudança.

Cabe ao CEO liderar todo projeto de comunicação utilizando esse recurso para comunicar com transparência e serenidade todos os passos da mudança. Dessa forma, almeja-se atuar no centro da origem da sensação de insegurança, informando e esclarecendo a todos sobre sua dinâmica.

Não deixa de ser paradoxal essa situação em que o gatilho para a sensação de medo é proveniente da sensação do desconhecido gerada por um projeto de mudança justamente em um ambiente tão imprevisível e instável como o atual. Atualmente, o desconhecido já está presente na vida de qualquer indivíduo mesmo que ele não esteja envolvido em um projeto de transformação. A evolução do mundo já é imprevisível, instável e desconhecida. Por mais difícil de entender, racionalmente, a resistência a mudanças em um ambiente onde ela é um imperativo, é requerido que o líder tenha em mente uma perspectiva clara: via de regra, o ser humano precifica o medo da mudança, mas não avalia o risco de ficar parado.

O líder deve estar preparado para interagir nesse sistema se expondo e trazendo as referências que trarão mais conforto à sua equipe, tirando-os da inércia e mantendo todos focados em suas atividades sem a sombra do fracasso eminente (lembrando que essa sensação é bem distinta daquela que entende o fracasso como etapa para o processo de aprendizagem. Aqui a sensação é de desamparo mesmo).

Essa reflexão traz à tona um tema já enunciado enfaticamente em diversas fontes de informação e, sobretudo, nas rodas de conversas entre executivos: o líder, atualmente, tem de estar preparado para liderar em um ambiente incerto, repleto de riscos em que é necessário se mover com velocidade e aprender rapidamente com os erros para transformá-los em acertos futuros. Essa visão deve estar introjetada em todos que almejam ou já ocupam essa posição, pois essa mesma atitude deve ser transmitida a toda sua equipe, principalmente, seu ciclo próximo de executivos que ocupam posições de liderança.

Um líder corporativo que tem ocupado posição de destaque no ambiente empresarial e que já é uma referência em se tratando de processos de transformação cultural é Satya Nadella, atual CEO da Microsoft.

O projeto de Nadella à frente de uma das mais valiosas empresas do planeta é tão relevante que decidimos dedicar um capítulo inteiro para estudar esse caso. O que vamos pinçar, por enquanto, é sua visão do foco do líder em um projeto de transição cultural, tendo como referência seu primeiro ano à frente da empresa em um processo dessa natureza. Na obra de sua autoria, *Hit Refresh*, Nadella enuncia esses pontos de forma clara e translúcida ao pontuar que sua posição como líder nessa transição foi de:

- Comunicar clara e regularmente o senso de missão, visão de mundo, e a ambição dos negócios e das inovações;
- Liderar a mudança cultural de cima para baixo (*top down*) e colocar a equipe correta no local correto;
- Construir novas e surpreendentes parcerias nas quais a empresa pode crescer o bolo e encantar seus clientes;
- Estar pronta para aproveitar a nova onda de inovações e mudanças de plataformas;
- Defender os valores da organização e restaurar a produtividade e o crescimento econômico para todos.

Chama a atenção como a visão de Nadella está alinhada com muitos dos elementos já enunciados nesta obra que fazem parte da jornada da transformação cultural:

- O CEO no papel do principal comunicador das mudanças da organização;
- O guardião da transformação cultural zelando para que o processo seja sustentável;
- O CEO dando sinais inequívocos sobre a necessidade de colocar o cliente no centro do sistema de criação de valor da companhia (reforçando o conceito de uma empresa *customer centricity*);
- O incentivo à inovação e o estímulo à abertura para mudanças e novas perspectivas de mercado (cultura de aprendizado e inovação);
- Tudo isso sem descuidar da performance do negócio (ênfase na cultura de resultados).

A perspectiva estruturada de Nadella dá forma a uma visão essencial sobre o papel do CEO na organização: ele é, acima de tudo, um evangelista. Nessa posição cabe a ele doutrinar continuamente toda organização quanto à jornada de transformação, preservando a essência da companhia ao mesmo tempo em que evidencia e promove novos comportamentos, valores e normas.

Nadella comenta, em sua obra, que o C de CEO é sinônimo de cultura. O CEO é o tutor da cultura na organização, e criar o sistema mais adequado para aquele ambiente é seu principal trabalho como líder da Microsoft.

Como evangelista e guardião de todo o sistema, o CEO deve se valer de todas as estratégias de comunicação disponíveis para enfatizar, a todo momento, suas crenças e sua visão do processo. Inclui-se nesse sistema palestras, e-mails, utilização de redes sociais, comunicados internos, encontros com colaboradores, enfim, toda e qualquer oportunidade de levar sua mensagem de forma estruturada – ou não – ao público de interesse deve ser aproveitada.

Aqui resgatamos a ênfase na relevância da coerência e da consistência das mensagens levadas a público. Todo e qualquer deslize nesse processo fará com que sua evolução sofra revés e leve mais tempo para sua consolidação.

Como o leitor pode notar a participação do CEO em um programa de transformação cultural é proporcional à complexidade e à importância do projeto. A última coisa que pode acontecer é esse executivo embarcar nessa jornada sem ter uma visão clara de suas responsabilidades e do que será requerido quanto à sua ação. É imperativo que seja destinado tempo relevante da agenda do líder para as iniciativas orientadas a esse tema. Isso significa que, muitas vezes, compromissos relacionados ao negócio serão colocados em segundo plano graças à prioridade da mudança. Não se trata de uma decisão fácil ou trivial, porém essa escolha é definitiva para o futuro do negócio.

Como mencionamos, Satya Nadella, à frente da Microsoft, tem promovido um projeto de transformação cultural muito valioso. Chama a atenção por se tratar de uma companhia já consolidada e com um nível de gestão absolutamente complexo tanto por causa de seu tamanho quanto pela variedade de negócios em que está envolvida. Essa trajetória é tão rica que merece um capítulo inteiro para estudarmos o caso em detalhes. Afinal, trata-se de uma obra em andamento que se consubstancia no aqui e agora, ou como diz o norte-americano, um projeto que está no modo *work in progress*.

QUESTÕES ESTRATÉGICAS PARA REFLEXÃO

1. Observe casos bem-sucedidos e malsucedidos de transformação cultural. Qual foi a influência da atuação do CEO nesses negócios? Como se observa essa influência na prática?

2. Qual a relevância da liderança pelo exemplo? Você conhece casos de líderes que não adotaram uma prática alinhada com seu discurso? Qual foi o resultado dessa dinâmica?

3. Como o líder deve se portar para criar e conduzir a cultura da organização? Quais passos deve dar, de forma prática, com esse objetivo?

4. Como o CEO deve liderar o projeto de comunicação? Qual seu papel simbólico em toda dinâmica corporativa e como isso impacta esse ambiente?

5. O CEO é o principal guardião da cultura de uma organização. Quais as responsabilidades do principal executivo de uma organização nesse papel? Como garantir que os esforços nesse sentido estejam alinhados com o objetivo almejado?

O PAPEL DO CEO COMO GUARDIÃO DO PROCESSO DE TRANSFORMAÇÃO CULTURAL

- O LÍDER É AGENTE FUNDAMENTAL PARA TODO O PROCESSO DE TRANSFORMAÇÃO. SEM ELE ENGAJADO, NADA ACONTECE.

- AO INICIAR O PROCESSO, DEVE ESTAR CLARA SUA RESPONSABILIDADE EM TODO PROJETO

- ELE TEM UM PAPEL PRÁTICO, COM SUA AÇÃO, E SIMBÓLICO, COM O QUE REPRESENTA A TODOS

- A LIDERANÇA PELO EXEMPLO É FUNDAMENTAL

- O CEO É O PRINCIPAL GUARDIÃO DA CULTURA CORPORATIVA DE QUALQUER NEGÓCIO E O PRINCIPAL GARANTIDOR DA EVOLUÇÃO DE QUALQUER PROJETO DE TRANSFORMAÇÃO CULTURAL.

- PARA SER BEM-SUCEDIDO NESSE PROJETO, DEVE LIDERAR MAIS E GERENCIAR MENOS

Pedro de Godoy Bueno é um dos jovens CEOs que têm despontado com muito destaque no ambiente empresarial brasileiro. À frente do DASA, a maior empresa de diagnósticos da América Latina, tem imprimido um ritmo intenso para inovar o negócio e prepará-lo para o futuro em um setor que tem se transformado aceleradamente. Neste talkshow, o líder apresenta sua visão sobre inovação e o processo de transformação organizacional.

Capítulo 7:
O CASO DE TRANSFORMAÇÃO CULTURAL DA MICROSOFT: UMA OBRA EM ANDAMENTO

É 4 de fevereiro de 2014, sede da Microsoft localizada na pequena cidade de Redmond a 20 quilômetros de Seattle. Reunidos no palco dois mitos da organização ladeados por uma figura desconhecida do grande público. Aquele homem de meia-idade, com óculos estiloso e totalmente careca, demonstra uma serenidade que contrasta com a liturgia da ocasião. Centenas de executivos da companhia estão presentes e o encontro é transmitido on-line para toda a organização. Percebe-se a excitação no ar, pois é uma ocasião histórica: a apresentação do novo CEO da organização.

Satya Nadella é o primeiro a assumir aquela posição em quarenta anos de Microsoft após os dois mitos já citados presentes naquela cena: seu fundador, Bill Gates, e o primeiro diretor, Steve Balmer, da até então empresa de garagem a ter ingressado na companhia em 1979 e atuado como seu principal executivo por dezesseis anos.

Não é um exagero afirmar que, apesar de ser um executivo oriundo das fileiras internas da companhia onde ingressou em 1992 (no entanto, 22 anos de sua promoção), Nadella tem um quê de *outsider* na posição, visto que é o primeiro CEO fora do núcleo duro responsável pelo avanço exponencial da Microsoft desde sua fundação.

Um observador mais atento notará que no evento, além da excitação de todos, havia certa tensão no ar que foi logo diluída pela celebração ao nome de Nadella. Essa apreensão não era destituída de razão. Um dos principais motivos da mudança de liderança da empresa foi a perspectiva de mudar o *status quo* da companhia que trazia poucos elementos da companhia vibrante e transformadora fundada por Bill Gates e Paul Allen em 1975.

A Microsoft é uma das protagonistas mais relevantes da evolução do mercado empresarial em toda história. Foi pioneira ao prever o impacto da multiplicação dos computadores pessoais (PCs) nos lares dos indivíduos em todo o mundo e liderou, sobretudo com o Windows, a revolução tecnológica que foi percursora e base de todas as transformações que acontecem atualmente. Não é exagero afirmar que a Microsoft contribuiu decisivamente para mudar a sociedade.

Paradoxalmente e de forma muito usual em casos como esse, o sucesso da organização fez evoluir uma cultura corporativa que é a antítese da essência da companhia. Para dar conta do crescimento acelerado, a burocracia ganhou importância na organização tomando o lugar da inovação. A política interna, recurso adotado para mediar as relações de poder entre os diversos agentes corporativos, tomou o lugar do trabalho em equipe.

Nadella, na obra *Aperte o F5* (*Hit Refresh*, do original) de sua autoria que se dedica a compartilhar seus primeiros anos de jornada à frente desse desafio (e leitura obrigatória para quem se interessa por estudar cultura corporativa), comenta que "A companhia estava doente. Os empregados, cansados e frustrados, estavam cansados de perder e ficar para trás apesar de seus grandes planos e ideias". O negócio continuava apresentando resultados positivos no curto prazo e a companhia mantinha sua posição como uma das empresas mais valiosas do planeta, porém a perspectiva de longo prazo não era favorável e essa percepção já havia sido precificada por todos os agentes, inclusive o mercado acionário que penalizava a empresa com o declínio constante do valor de suas ações.

Uma das razões dessa queda foi a falta de capacidade demonstrada pela companhia de inovar. Paradoxalmente, uma das companhias mais inovadoras do mundo desde sua origem apresentava uma extrema dependência das receitas advindas do

Windows, embarcados nos computadores pessoais. O problema é que esses equipamentos estão em franca decadência. Em 2014, enquanto eram vendidos cerca de setenta milhões de computadores pessoais por trimestre no mundo, a quantidade de *smartphones* chegava a cerca de 350 milhões. Essa evolução, percebida no ano da posse do novo CEO da empresa, só viria a ser acentuada ano após ano.

A situação era tão delicada que, quando Steve Balmer informou que se afastaria de sua posição como CEO, um dos temas mais recorrentes nas rodas de executivos, sobretudo os do mercado financeiro, é quem substituiria à altura uma das personalidades mais fortes e marcantes da Microsoft, cujas histórias se interlaçam e estão totalmente associadas. Por causa da crítica situação no longo prazo e da necessidade de realizar uma mudança profunda na organização, a crença que se estabeleceu é que apenas um *outsider*, um executivo vindo de fora da empresa, poderia colocá-la nos trilhos novamente.

Não foi o que aconteceu. E o mercado estranhou...

Alheio a essa desconfiança – que não era apenas do mercado, a propósito –, Nadella, já em seu discurso de posse, deu o tom de qual seria a principal prioridade de sua gestão: renovar a cultura corporativa da organização.

O novo líder da companhia adotava a visão que seria muito confortável continuar a conduzir a organização pelos mesmos caminhos, pois o negócio, no curto prazo, se mostrava favorável com seu atual portfólio de produtos e modo de fazer negócios, gerando resultados financeiros positivos e retorno a seus acionistas. Sua visão para o longo prazo, porém não era favorável. Segundo seu novo CEO, o êxito da companhia no futuro estava intrinsecamente relacionado à capacidade de a organização resgatar seu comportamento inovador e sua identidade.

Evidencia-se nesse caso um dos paradoxos corporativos já enunciados nesta obra: a maior armadilha do sucesso é o próprio sucesso. O êxito da organização a transformou em uma empresa burocrática aferrada a suas realizações anteriores que lhe trouxeram até o presente. Por exemplo, foi em nome de proteger o Windows, sua vaca leiteira tradicional, que a empresa hesitou em abraçar a internet e, depois, em aceitar que o *smartphone* seria o verdadeiro computador pessoal. Em paralelo a essas lacunas, testemunhou o florescimento de novas companhias que ocuparam sua posição original de "queridinha" do mercado empresarial com destaque para a trinca Apple, Amazon e Google.

A cultura do negócio configurou-se em um obstáculo para seu crescimento futuro quando deveria ser a responsável por sua prosperidade.

Ao enunciar a prioridade em seu projeto como novo CEO da organização, Nadella comenta que entendeu que seu trabalho principal seria realizar a curadoria da cultura da empresa inspirando os mais de cem mil colaboradores, responsáveis por moldar o futuro da companhia.

Ao fazer um recorte para o presente, cinco anos após aquele evento, o contexto é, absolutamente, surpreendente. As ações da companhia triplicaram nesse período, uma vez que foram as que mais se valorizaram em relação a concorrentes clássicos do setor de tecnologia como a Apple, o Google e a IBM.

Em 30 de novembro de 2018, a Microsoft atingiu um valor de mercado de cerca de 850 bilhões de dólares e realizou uma conquista com alto valor simbólico: ultrapassou a Apple e resgatou sua posição como a empresa mais valiosa do mundo.

Seus 135 mil colaboradores foram responsáveis por um faturamento de 110 bilhões de dólares em 2018 com crescimento anual de dois dígitos nos últimos anos depois de estar em declínio durante quase toda década passada.

A rentabilidade anual do negócio foi de 16,6 bilhões de dólares tendo como um dos destaques o crescimento do Azure, serviço de computação na nuvem da companhia, que passou de posição secundária no portfólio da empresa para um de seus protagonistas, ostentando um incrível crescimento de 91% de 2017 para 2018. Esse negócio, a propósito, foi uma das principais apostas mercadológicas de Nadella.

Além dos demonstrativos financeiros, a mudança da organização evidencia-se em outras frentes. Claramente, a empresa está mais aberta a alianças estratégicas como na integração de seu *voice assistant* com a rival Amazon ou a aliança com a Samsung. "Dormir com o inimigo" era um comportamento impensável na aguerrida Microsoft de outrora.

Como explicar um *turnaround*, uma renovação corporativa e recuperação de valor tão agressivo em um, relativamente, curto espaço de tempo?

A resposta está no enunciado de Nadella ao definir suas prioridades: a transição da cultura corporativa da companhia.

A evolução da cultura da Microsoft

Em artigo publicado na revista *Exame*, edição de 6 de março de 2019, que apresenta Nadella na capa e a Microsoft em destaque, há uma citação que chama atenção de Julia White, executiva que atua na empresa há dezessete anos e, atualmente, é responsável pelos serviços de computação em nuvem, quando comenta que "a empresa era muito insular e rígida".

A palavra "rígida" aparece com frequência no discurso de executivos que passaram por essa fase da empresa quando adjetivam o perfil da organização nos anos que se passaram. Essa também é uma das convicções de Nadella e uma das principais razões pela necessidade de mudança.

Na obra de sua autoria, comenta que cada empregado da companhia tinha como crença a necessidade de provar que ele ou ela sabiam de tudo e era a pessoa mais preparada do ambiente. A combatividade e a competitividade entre colegas de trabalho era um traço claro daquele contexto. O *accountability*, expresso no forte compromisso de entregar no tempo e atingir os números, liderava todas as decisões de negócios (note um traço da cultura de resultados que enfatizamos no capítulo 2 e seus efeitos quando levada ao extremo). Como consequência, os encontros eram formais e tudo tinha de ser planejado nos mínimos detalhes antes de cada reunião. Para dar conta desse modelo, a hierarquia foi ganhando espaço eclipsando a espontaneidade e a criatividade.

Visto dessa forma, parece evidente que as coisas tinham de mudar. Entretanto, é leviano e superficial ter uma visão simplista dessa dinâmica. O fato concreto é que foi justamente essa cultura a responsável por levar uma empresa de garagem a alçar a posição de companhia mais valiosa do planeta em uma das sagas empresariais mais impressionantes da história. A empresa teve de se organizar e se estruturar para suportar a expansão acelerada do negócio forjando sua cultura corporativa a essa circunstância. Ou seja, essa foi uma cultura vencedora.

A antítese, porém, é que esses elementos que a fizeram vencedora no passado já não são o suficiente para levá-la a um novo patamar. Muitas dessas características ficaram desalinhadas da evolução do ambiente onde a organização está inserida.

Além disso, na busca pelo controle e por organizar os diversos relacionamentos corporativos, a Microsoft distanciou-se de sua ambição original de transformar o mundo. Envolto em suas demandas rotineiras, seus líderes dedicaram-se a preservar sua posição de mercado a qualquer custo e abandonaram uma reflexão orientada a gerar novas soluções requeridas nesse novo mundo. A aversão ao risco, em situações como essa, ganha força, na medida em que se evidencia uma percepção de que se tem muito a perder ao assumir posições ou investimentos em frentes imprevisíveis.

Ao longo dos anos, a empresa distanciou-se do espírito de empresa de garagem, origem de suas fortalezas e para onde canalizou sua energia historicamente, e, ironicamente, se aproximou de um sistema corporativo convencional similar ao das empresas que combateu e tornou irrelevante com sua ação ao longo dos anos.

O fato de a cultura dominante, quando da promoção de Nadella, ter sido a responsável pela evolução vitoriosa da companhia dá a dimensão dos desafios de interferir nesse sistema. Por outro lado, o novo CEO da organização tinha claro que as respostas para essa transição não estavam nas fronteiras externas da empresa, e sim em sua essência: "A mudança de cultura que eu queria estava enraizada na Microsoft com a qual eu me juntei originalmente".

Paradoxalmente, olhar para frente, nesse caso, significava olhar para trás.

O resgate da alma da Microsoft

Nadella, em sua obra, comenta que desde o primeiro dia de sua gestão, seu principal projeto foi o de resgatar a esperança das pessoas. Ele enfatiza que, como ele, os colaboradores da Microsoft se uniram ao negócio para mudar o mundo, mas, naquele momento, estavam frustrados com a estagnação da companhia e, o mais triste de tudo, muitos percebiam que a empresa tinha perdido sua alma.

Ao resgatar essa visão histórica da organização, sua missão original, já encontramos a origem dessa alma quando Bill Gates e Paul Allen, seus fundadores, enunciam que o principal objetivo da organização era colocar um computador em todas as mesas de todas as residências do mundo. Essa era uma ambição inspiradora e audaciosa que mobilizou a todos rumo a um propósito muito claro: mudar o mundo com a popularização da tecnologia.

Ao longo de seus mais de quarenta anos de história, a organização conseguiu atingir esse objetivo com louvor e tornou-se uma marca onipresente na sociedade e na vida na maioria dos cidadãos do planeta onde está presente. No entanto, o mundo mudou. O comportamento das pessoas mudou, e se outrora esse enunciado era desafiante, atualmente, com a popularização dos *smartphones* e o declínio dos PCs, seu significado perdeu força.

Nadella tomou a corajosa decisão de interferir em uma narrativa quase que dogmática da organização para trazer uma leitura mais contemporânea à missão da companhia. Um enunciado que resgatasse a autoestima e o senso de pertencimento de todos e, sobretudo, que estivesse alinhado ao propósito da empresa de transformar o mundo. Foi com esse foco que, em 2015, em mensagem enviada a todos os colaboradores, seu CEO anuncia a nova missão da empresa: capacitar todas as pessoas e todas as organizações do planeta para conseguir mais.

Observe como, a despeito da mudança importante no enunciado da nova missão, ela continua ancorada em uma das principais crenças da companhia: a ambição de transformar o mundo. Nadella não só respeitou a essência da organização como também resgatou uma visão que esteve presente desde sempre na companhia e foi uma das principais forças motrizes de sua evolução.

A nova missão da organização influenciou decisivamente sua estratégia. Se antes a organização era uma empresa *PC first* (termo utilizado para definir as prioridades do negócio, no caso os computadores pessoais – PCs), ela passou a ser *mobile first and cloud first*, considerando duas tendências mercadológicas de alto potencial: o avanço dos celulares e da computação em nuvem.

Esse movimento representa uma mudança estratégica sem precedentes para a organização e reflete a importância de se alinhar a estratégia do negócio à sua cultura para potencializar a possibilidade de êxito e mitigar o risco de insucesso.

Quando há o desalinhamento entre cultura e estratégia, toda evolução do projeto fica em risco, na medida em que gera descrença, insatisfação e desconfiança dos colaboradores com o futuro. Mesmo que, inconscientemente, os mecanismos de poder e autopreservação são acionados e as mudanças são sabotadas pelo ceticismo ou por ações concretas que rejeitam o novo modelo. Lembre-se: nunca podemos subestimar a tendência de manutenção pela estabilidade de qualquer ser humano. Se Nadella não cascateasse a visão da nova cultura pela estratégia do negócio, correria o risco de não evoluir no projeto.

Não foi isso que aconteceu. Os colaboradores e seus líderes abraçaram a nova missão e se engajaram na construção de uma nova cultura para a empresa preservando sua essência, mas trazendo novos elementos mais adaptados à nova realidade da sociedade e dos negócios.

A nova cultura da Microsoft

Como consequência da nova visão para a cultura corporativa da organização, foram absorvidos novos elementos e prioridades ao mesmo tempo em que se buscou abandonar práticas e comportamentos não alinhados com essa nova perspectiva como a rigidez, a burocracia, entre outros artefatos e valores que não fazem mais sentido.

Para entendermos as características dessa nova cultura, é importante analisar algumas prioridades enunciadas pela nova gestão, liderada por Nadella, que influenciam o sistema de crenças da companhia, porém sem confrontar sua essência.

Está claro que uma das narrativas mais fortes dessa nova fase da organização diz respeito à sua visão do relacionamento com os colaboradores da organização. De acordo com seu novo CEO, uma de suas principais propostas é contribuir para que a empresa mude de uma posição muito orientada a seus produtos (*product centric*) para centrar sua atenção a seu ativo mais importante: seus colaboradores. Assim, a empresa migra para uma posição de *people centric*, destinando sua atenção prioritária a gerar um ambiente onde as pessoas tenham condições de realizar seu pleno potencial.

Uma das visões mais emblemáticas dessa perspectiva é quando Nadella comenta que as pessoas devem utilizar a Microsoft como plataforma para realização de suas paixões pessoais. Sob essa ótica, a empresa serve a seus colaboradores, e não vice-versa. Não são eles que trabalham para a Microsoft. É a empresa que trabalha para eles.

Essa orientação foi a chave para resgatar o engajamento e o senso de pertencimento dos colaboradores da empresa, pois alinha suas visões e suas ambições pessoais com os propósitos da companhia. A alta performance individual e corporativa resulta nesse encontro. Cabe à organização enunciar, da forma mais clara possível, qual é sua visão de mundo e como está integrada às aspirações individuais de seus colaboradores. A partir daí, cada indivíduo terá condições de avaliar sua aderência a essa visão, culminando com profissionais mais engajados e comprometidos com os rumos da organização. Todos remando na mesma direção.

Duas referências importantes já exploradas em capítulos anteriores se evidenciam nessa dinâmica. Primeiro ponto: a cultura é modelada em um caminho de mão dupla, *top down* (de cima para baixo) e *bottom up* (de baixo para cima); manter um perfil de comando e controle baseado em ordens expressas que devem ser assumidas pela equipe operacional é uma decisão com pouca efetividade em um contexto em que as pessoas demandam por protagonismo pessoal. É da base da pirâmide que se legitima a transformação e o processo de mudanças.

Segunda referência: quanto mais clara for a cultura corporativa de uma organização, maior será sua capacidade de obter engajamento e adesão das pessoas a seus valores centrais. No entanto, da mesma forma que indivíduos vão se integrar de corpo e alma a essa visão, outros não entenderão que ela tem significado à sua perspectiva pessoal. O movimento de saída de executivos, alguns com longo histórico de contribuições e relevância para a companhia, é natural e não deve ser interrompido. Isso também aconteceu na Microsoft – talvez, até mesmo iniciando-se pela decisão de Balmer se afastar da gestão quando percebeu que sua visão não estava mais contribuindo com o futuro do negócio. Nadella comenta que executivos importantes com performance muito positiva não se identificaram com a nova missão e cultura da organização e se afastaram da empresa. Esse movimento não está relacionado às competências, inquestionáveis, desses colaboradores, e sim à sua visão de mundo.

Em um movimento natural, ao mesmo tempo que executivos se desligaram da companhia, outros foram contratados. Nadella trouxe novos e experientes talentos para integrar seu *senior team*, núcleo mais próximo ao CEO, responsável pelas principais decisões corporativas do negócio. Esses novos colaboradores foram contratados tendo como orientação prioritária o alinhamento de sua visão pessoal com a nova cultura do negócio (o *feet* cultural, que já mencionamos aqui). É evidente que suas realizações e suas experiências anteriores foram fundamentais, porém o essencial foi o alinhamento de visões.

Uma das buscas com essa prática foi o de tornar a empresa mais aberta e colaborativa tanto no que se refere ao relacionamento interno, entre colaboradores; quanto externo, com o mercado e outros agentes de fora das fronteiras da companhia.

Nos anos anteriores, como resultado do modelo excessivamente focado na obtenção de resultados financeiros, a empresa se fechou em silos, com feudos sendo formados em toda a organização. Com isso, estabeleceu-se uma cultura de pouca colaboração entre áreas, fortalecendo um sistema muito fragmentado, em que a unidade de controle-padrão eram os departamentos, e não a visão do todo.

Uma das palavras de ordem da nova cultura da empresa é colaboração. A nova gestão consolida a visão de que a integração das diversas áreas e *expertise* da empresa é o futuro do negócio. Para atingir esse patamar, no entanto, foi necessário interferir em comportamentos sedimentados há anos na organização como no perfil de relacionamento entre seus colaboradores.

Um dos primeiros atos de Nadella, ao assumir sua posição de CEO da companhia, foi pedir a seus executivos seniores que lessem *Comunicação não violenta* (*Nonviolent Communication* do original), obra de Marshall Rosenberg, que enfatiza a relevância da comunicação empática. Há uma importância simbólica nesse gesto, pois sinalizou, de forma clara, que o novo líder buscava administrar a empresa e, sobretudo, as relações interpessoais de maneira distinta de seus predecessores, Bill Gates e Steve Balmer, que tinham reconhecida reputação por incentivar proativamente intensos embates corporativos dentro da própria companhia. Esse comportamento tem sido substituído pela cooperação e pela colaboração entre profissionais de diversas áreas e *expertises* da companhia. Uma mudança frontal em um sistema consolidado há mais de quarenta anos.

Em artigo publicado na revista *Fast Company*, Brad Smith, *Chief Legal Officer* da companhia, um veterano de mais de 24 anos na empresa, comenta que a indicação de leitura da obra foi "a primeira clara indicação de que o foco de Satya não era de apenas mudar a estratégia do negócio, mas sim sua cultura".

O leitor pode notar como esse gesto teve, além do efeito prático de preparar a liderança para um novo perfil de comunicação almejado, um efeito simbólico com alta dose de representatividade. Foi uma intervenção que fortalece os sistemas de comunicação no processo de transformação dando sinais inequívocos do que é requerido naquele novo ambiente.

Ao mesmo tempo que destinava esforço no aumento da colaboração entre os executivos da companhia, Nadella adotou o mesmo comportamento ao buscar uma maior interação com agentes externos. É simbólica a contratação de Peggy Johnson nesse caso. A executiva que veio da empresa Qualcomm se uniu à Microsoft, em 2014, como vice-presidente de Desenvolvimento de Negócios, com o objetivo de fortalecer as parcerias com empresas do Vale do Silício e outras companhias com soluções valiosas para a estratégia da organização. Algumas parcerias consolidadas foram realizadas com empresas consideradas rivais, como a já citada aproximação com a Amazon e o acordo com a Dropbox, empresa que tem soluções de armazenamento que competem com o portfólio da Microsoft. A crença que se estabelece nessa nova cultura é que os ganhos advindos do relacionamento com empresas, que não estão próximas da companhia, compensam os riscos gerados por essa aproximação.

Essa nova prática influencia um comportamento crítico endereçado na nova cultura da empresa: sua tolerância ao risco. Como consequência da rigidez na gestão e na orientação irrestrita no atingimento dos resultados almejados, sedimentou-se um comportamento de pouca flexibilidade com iniciativas de alto risco. Esse perfil não combina com inovação, sobretudo as mais radicais, cuja presença do risco do insucesso é inerente à sua prática. Na construção da nova cultura da Microsoft, Nadella tem enfatizado, não só com discurso, mas com sua prática, a necessidade de a organização ter mais paciência e tolerância com os inevitáveis fracassos em sua jornada.

Alguns colaboradores com experiência anterior na companhia citam que essa é a maior diferença da "nova" Microsoft: sua tolerância maior ao erro.

Essa perspectiva está muito aliada com um comportamento valorizado por Nadella, que é um dos fundamentos dessa nova cultura: a capacidade de aprender sempre. Mais de um executivo sênior da empresa comenta, em diversas fontes, o mesmo mantra: em vez de saber tudo, queremos aprender tudo.

Na matéria já citada da *Fast Company*, Chris Capossela, *Chief Marketing Officer* (CMO) da companhia, comenta que "nós passamos de uma cultura de sabe-tudo para uma cultura de aprender tudo".

A visão corrente é que para conquistar a flexibilidade e a abertura necessárias para levar a organização a outro patamar, é necessário instilar a cultura de aprendizado na empresa. Esse sistema é que oferece a base para todos os elementos anteriores aqui enunciados: a valorização das pessoas como protagonistas de todo projeto (a empresa *people centric*); a receptividade da organização a novas contribuições vindas de fora; o incentivo à colaboração e à cooperação; e a maior tolerância ao risco. É por meio da abertura ao aprendizado que todas essas variáveis imprevisíveis e instáveis serão administradas visando conquistar uma cultura muito mais em linha com um ambiente que carrega todas essas imponderações em sua essência.

O leitor pode presumir os enormes desafios em liderar uma transformação desse porte em uma organização do tamanho e da complexidade da Microsoft. Metaforicamente, é como manobrar um Transatlântico em pleno oceano com pouca margem para manobra. Qualquer erro nessa condução pode ser fatal. Nadella, no entanto, deve a coragem de assumir essa jornada pessoalmente. A transição dos modelos e o papel do novo líder do negócio à frente desse movimento trazem lições importantes para refletirmos.

A fase da transição e o papel do CEO

A estratégia adotada por Nadella no processo de transformação cultural da Microsoft comprova nossa tese sobre a prioridade e a orientação dos esforços nesse sentido: é necessário preservar a essência da organização atuando nas camadas superiores da cultura da empresa (seus artefatos, suas normas e seus valores), para que o sistema de crenças, sua camada mais profunda, seja influenciado e adote novos elementos em sua composição.

É com frequência que Nadella evidencia uma visão que fortalece essa orientação ao afirmar sua crença de que empresas mais duradouras têm a capacidade de manter seus valores essenciais ao mesmo tempo que questionam o *status quo*. A despeito de ter alterado a missão da organização, ele manteve sua essência preservada com a ambição por transformar o mundo, propósito original da empresa.

A transformação da cultura de uma organização deve influenciar seu sistema de crenças, que é seu núcleo mais estável, alinhando-o ao novo momento. Confrontar esse sistema frontalmente com uma perspectiva distinta de sua essência resultará em um risco que deve ser refletido a todo custo, visto que, como consequência, pode gerar um conflito de interpretações por parte dos colaboradores que, muitas vezes, será irremediável.

As primeiras prioridades como CEO da companhia foram redescobrir a alma da Microsoft, redefinindo sua missão e fortalecendo a ambição do negócio, contribuindo, dessa forma, em atender aos interesses dos investidores e dos clientes da empresa que, como consequência, cresceria e prosperaria. Nadella comenta que sua abordagem foi liderar esse movimento resgatando o senso de propósito e o orgulho da organização, e não o de inveja ou de combatividade.

Para ser bem-sucedido na condução de toda equipe rumo à nova jornada, foi construído um *roadmap*, ou seja, um mapa no qual compartilha com todos os colaboradores os passos desse movimento, deixando claro, de forma transparente, as características de cada etapa.

Essa prática visa diminuir a percepção de risco da mudança, pois enuncia, com clareza, o que é requerido de cada indivíduo nessa caminhada. Nadella afirma que um dos principais objetivos do CEO em um projeto de transformação cultural deve ser o de construir e disseminar esse *roadmap* para remover a paralisia corporativa.

Diversos artefatos e rituais estão sendo adaptados na companhia para influenciar seu sistema de crenças rumo ao novo modelo. Uma passagem que demonstra essa estratégia foi a decisão do novo CEO de mudar o formato do encontro anual de líderes seniores da companhia. Uma das interferências mais impactantes foi a decisão de trazer novos participantes a esses encontros, como os fundadores das organizações adquiridas pela empresa. Esse evento é um dos rituais mais relevantes da história da empresa. Sempre foi destinado aos 150 executivos mais seniores da companhia, e participar do encontro, tradicionalmente, confere a posição de *status* e prestígio àqueles que conquistam essa posição. Por esse motivo, a competição para fazer parte do seleto grupo de privilegiados sempre foi intensa. Obviamente, os novos convidados não se enquadravam no perfil de qualificação prévia que lhes permitissem estar presente no evento. É possível imaginar como um simples gesto como esse representou um confronto com uma norma básica da organização e seus efeitos, visto que ocasiões como essa são carregadas de simbolismo e estão, cem por cento, integradas às relações de poder da companhia. Nadella comenta, em seu livro, que, seguramente, essa não foi uma de suas decisões mais populares como CEO, porém teve de ser realizada, pois trazia consigo uma mensagem poderosa quanto à abertura da nova cultura. Os resultados foram muito favoráveis e, atualmente, o modelo vigente é o novo, muito mais flexível que o anterior.

Uma das referências mais marcantes utilizadas pelo líder em todo esse processo de transformação tem sido a já citada Carol

Dweck com o conceito de *growth mindset*. Nadella ancorou muito de sua estratégia nessa visão para obter a transformação individual no sistema de pensamento de seus colaboradores.

Uma das estratégias para estimular esse sistema foi exercitar essa mentalidade todos os dias, e seu líder enunciou três caminhos comunicando-os, exaustivamente, a toda a organização:

- Nós devemos ser obcecados por nossos clientes (aqui está a relação com nosso conceito sobre a cultura do *customer centricity*);
- Nós somos melhores quando, ativamente, buscamos a diversidade e a inclusão (por trás dessa visão está a valorização da abertura ao contraditório, para novas visões do mundo e tudo que envolve o conceito de diversidade já abordado aqui anteriormente);
- Nós somos uma única companhia, uma Microsoft – não uma confederação de feudos (essa sentença se relaciona ao combate aos silos e ao incentivo à cooperação e à colaboração).

A orientação a essas três frentes tem relação com o sistema de pensamentos de cada indivíduo da organização. Ao exercitar essas diretrizes, o colaborador estará vivenciado a missão da Microsoft e cumprindo seu principal propósito de fazer a diferença no mundo.

Mais do que comunicar a nova cultura, ela deve ser praticada pelos líderes do negócio continuamente. Sem esse comportamento, todo o esforço cai no vazio. Essa mesma lógica se aplica à mentalidade de crescimento (*growth mindset*). Mais importante que enunciar sua relevância, é adotá-lo em suas práticas e suas realizações. Estimular essa atitude junto a seus colaboradores continuamente, para que essa mentalidade emerja do indivíduo para o negócio e sua cultura, está no topo da agenda de Satya Nadella.

Uma demonstração do compromisso do líder com essa jornada fica evidente quando comenta que, para ele, o C de CEO significa cultura. Note a força desse simbolismo e artefato enunciado pelo principal líder da organização.

Quando esse projeto estará concluído?

Nas entrevistas que concede à mídia em geral, Nadella, frequentemente, é questionado sobre quando todo esse movimento de transição cultural estará concluído. A resposta do líder é sempre a mesma como foi enunciada na já citada entrevista para a revista *Exame*: "A ilusão de que o sucesso dura para sempre é algo que queremos expurgar de nossa consciência. Porque é aí que a arrogância acaba se instalando".

Ou seja, esse processo nunca acaba. Deve haver um ciclo contínuo de renovação alinhando a cultura da organização e seu sistema de crenças às mudanças do ambiente.

A cultura de aprendizado é tão relevante justamente por esse aspecto: ela mantém toda a organização em prontidão permanente, confrontando, continuamente, tudo o que ela sabe sem, no entanto, deixar de se comprometer com a geração de resultados para o negócio.

A jornada de transformação da Microsoft é uma obra em andamento que não tem fim. Continuamente, teremos de revisitar esse projeto para observar seu andamento e teremos, sempre, novas lições e aprendizados. O sucesso não está garantido. Na realidade, nenhum sucesso está mais garantido nesse novo mundo.

Essa não é uma prerrogativa da empresa. Na realidade, todo processo de transformação envolve um *continuum* ininterrupto. A guarda não pode baixar. A propósito, esse é um dos principais riscos em um projeto com essas características: entender que tudo está pronto.

QUESTÕES ESTRATÉGICAS PARA REFLEXÃO

1. Qual seu principal aprendizado com o *case* Microsoft?

2. Quais similaridades você encontra nesse *case* em relação à sua experiência pessoal?

3. Quais têm sido os principais desafios da jornada da organização em seu processo de transformação cultural?

4. Quais foram os principais acertos, em sua opinião, da gestão de Satya Nadella?

5. Se você fosse o CEO da organização, quais estratégias distintas das adotadas você utilizaria visando ao êxito nesse projeto?

Capítulo 8:
A JORNADA DA TRANSFORMAÇÃO NUNCA TEM FIM

Há cerca de 25 anos, um líder empresarial notável e muito reconhecido liderou uma jornada de transformação muito similar ao de Satya Nadella no mesmo setor de tecnologia, em uma empresa com tradição similar à Microsoft.

Louis Gerstner assumiu a posição de CEO de uma combalida IBM em abril de 1993. Assim como a Microsoft, a IBM, organização mítica, é uma das principais protagonistas da onipresença da tecnologia na sociedade e nos negócios, atuando, com êxito, em diversas frentes como na manufatura dos computadores pessoais ou na produção de *mainframes* que invadiram o ambiente empresarial nos anos 1970, por exemplo. Diferentemente da empresa de Seattle, no entanto, a IBM é uma companhia secular fundada nos Estados Unidos em 1911.

A despeito de sua bem-sucedida trajetória, quando Gerstner assumiu a liderança da empresa, sua principal missão era fazer a recuperação de uma companhia que, no ano de sua contratação em 1993, tinha reportado perdas da ordem de 8 bilhões de dólares (algo em torno de 14 bilhões de dólares nos dias atuais), a maior de toda sua história. O negócio estava em risco.

Durante os nove anos de sua gestão (afastou-se da posição de CEO em 2002), Gerstner liderou a recuperação da companhia com o retorno de sua lucratividade e sua relevância que se refletiram na evolução de seu valor de mercado que cresceu mais de cinco vezes no período, indo de 29 bilhões de dólares para 168 bilhões de dólares.

A despeito da bem-sucedida gestão de Gerstner, no entanto, a empresa não tem sido capaz de manter a evolução de seu negócio nos mesmos patamares. Em 2018, reportou a menor receita desde 1997 e testemunha o crescimento vertiginoso de organizações pouco expressivas no passado e que hoje são as protagonistas do ambiente empresarial, relegando a IBM um papel secundário na transformação do mundo.

O que aconteceu com o processo de transformação iniciado por Louis Gerstner? Por qual motivo a IBM não surfou a onda da ascensão da tecnologia mantendo seu papel histórico de protagonismo?

As reflexões sobre cultura organizacional estão no centro dessa questão, e essa jornada nos traz importantes lições sobre a manutenção do processo de transformação, uma caminhada que nunca termina.

A transformação cultural da IBM

Para compartilhar os principais elementos de sua jornada à frente da empresa, Gerstner escreveu o best-seller *Quem disse que os elefantes não dançam: os bastidores da recuperação da IBM* (mais uma similaridade com a trajetória de Nadella à frente da Microsoft que utilizou o mesmo recurso para compartilhar sua experiência).

Nessa obra, ele afirma que, quando ingressou na companhia, identificou uma cultura insular (lembre-se de que esse mesmo termo foi utilizado no capítulo anterior por uma executiva ao descrever a cultura da Microsoft antes de iniciar seu processo de transformação) e fragmentada.

Um dos principais exemplos dessa cultura torna-se tangível em uma das características mais marcantes do sistema vigente da empresa na época: a prática do emprego vitalício. Essa norma, adotada desde a fundação da companhia, consolidou uma crença que a segurança no emprego tinha pouca relação com o desempenho individual de cada um. Como consequência, criou-se uma cultura de tolerância quanto à baixa performance com milhares de colaboradores que apresentavam desempenho superior ficando frustrados com aqueles que não obtinham o mesmo nível de execução com suas ações. Resultado: valorização de um padrão mediano de resultados e afastamento dos indivíduos que estavam comprometidos com um desempenho superior.

Gerstner afirma ainda que o processo de recuperação da companhia foi penoso e complexo, pois foi necessário interferir diretamente nessa cultura, sedimentada há quase um século e que, por ter apresentado resultados positivos desde sua constituição, transmitia a percepção de que se tratava de um modelo vitorioso (de fato, ele trinfou outrora, porém não estava mais apresentando os resultados requeridos para o negócio, haja visto os indicadores de performance da organização).

Uma de suas ações concretas mais representativas foi alterar essa norma do emprego vitalício para interferir no perverso sistema de crenças que estimulava a acomodação. Em sua gestão, mais de cem mil colaboradores foram demitidos e substituídos. Ao mesmo tempo em que tomou decisões nessa frente, iniciou uma reflexão estratégica profunda no negócio. Um de seus primeiros atos como CEO foi entender qual era a percepção dos clientes sobre a IBM promovendo uma série de reuniões e entrevistas com as principais companhias que se relacionavam com a empresa. Foi desses encontros que chegou a uma das conclusões mais expressivas que representou uma guinada histórica nos rumos da organização.

Gerstner identificou que os clientes da organização não eram apaixonados por nenhum dos produtos da companhia. Paradoxalmente, porém, não havia nenhuma rejeição. Todos estavam ok e, meramente, atendiam às expectativas do mercado. Mais surpreendente que essa informação era a de que o cliente sempre citava alguma empresa que desenvolvia de forma superior aquele produto em específico. O que intrigava o CEO era o motivo que levava essas companhias a continuarem sendo clientes da IBM mesmo não apresentando uma performance melhor que seus concorrentes. A resposta a essa questão foi uníssona:

essas empresas eram clientes da IBM pelo fato de ela ser a única empresa que estava presente em todos os locais onde faziam negócios. Mais importante que seu portfólio e sua capacidade de superação das expectativas por meio de seus produtos, era sua capilaridade e sua capacidade de atendimento regional.

Esse diagnóstico gerou um dos *insights* mais relevantes para a empresa em todos os tempos: a IBM não era uma organização que vendia produtos, e sim serviços.

Essa visão mudou todo o rumo estratégico da companhia levando, inclusive, à desmobilização de suas unidades fabris como, por exemplo, o negócio tradicional de fabricação e comercialização de computadores pessoais (o leitor pode imaginar o impacto dessa decisão, visto que sua consolidação está diretamente ligada ao impacto da empresa no desenvolvimento da sociedade?), além de movimentos ousados como a aquisição da divisão de Consultoria da PwC em 2002.

Em três anos, os resultados foram revertidos e a companhia já se encontrava em outro patamar. Quando decidiu se afastar de sua posição como CEO, após nove anos, Gerstner deixou uma empresa que sedimentou uma nova matriz estratégica consolidando sua posição como uma empresa de serviços.

No parágrafo final de seu livro, porém, o líder já enuncia aquele que considerava um dos principais desafios em todo processo de continuidade da evolução da organização: o risco de o modelo voltar atrás atraído pelo desejo inconsciente e arraigado de seus colaboradores pela – falsa – manutenção da estabilidade.

Ele deixa essa preocupação clara e explícita ao mencionar, literalmente, esse desafio de seu sucessor, Sam Palmisano: "Eu sempre fui um *outsider*... Eu sei que Sam Palmisano tem a oportunidade de fazer conexões com o passado que eu nunca conseguiria fazer. Seu desafio será fazê-las sem voltar atrás, é importante: saber que as forças centrífugas que levaram a IBM a ser uma empresa muito voltada a si mesmo e fechada ainda são poderosas na companhia".

Talvez nem mesmo Gerstner tinha a visão de quão assertiva era essa premonição.

E a IBM voltou atrás...

Em outubro de 2018, a IBM anunciou a maior aquisição já realizada pela companhia em sua história. Adquiriu por 34 bilhões de dólares a Red Hat. Desconhecida do grande público, a empresa consolidou seu crescimento junto ao segmento corporativo em que cresceu vigorosamente a partir da comercialização de sistemas no código aberto Linux, porém sua principal fonte de renda são as soluções de armazenamento, virtualização e computação em nuvem. Ou seja, a companhia tem forte atuação no mercado de *cloud computing* dominado pela Amazon e pela Microsoft e um dos principais responsáveis pelo expressivo crescimento dessas organizações nos últimos anos, segmento que a IBM ficou de fora.

Até aí nada de errado, pois o movimento foi premiado pelo mercado acionário que testemunhava as ações da companhia chegarem ao menor valor desde 2009. Mesmo seu inovador e pioneiro projeto de inteligência artificial, o Watson, não estava conseguindo impedir o declínio do faturamento da companhia, que diminuiu sucessivamente durante os últimos 22 trimestres. Era necessária alguma ação concreta. O que chama atenção, no entanto, é que Gerstner já havia vislumbrado a oportunidade do mercado de computação em nuvem há mais de quinze anos durante sua gestão, visto que essa orientação estava totalmente integrada à estratégia de serviços da companhia.

Em sua obra, comenta, explicitamente, a revolução que poderia acontecer com a computação em nuvem que impactaria decisivamente os negócios tradicionais (sobretudo, o de *mainframes*, no qual a organização era uma das líderes) e geraria uma revolução na forma como as organizações gerenciavam a tecnologia em seus negócios.

Em um trecho, Gerstner deixa claro sua percepção ao comentar que "a conectividade global gerada pela nuvem vai criar uma revolução na interação entre milhões de negócios, escolas, governos e consumidores. Ela pode mudar o comércio, a educação, a saúde, os serviços governamentais e tudo mais. Ela poderá causar a maior onda de transformação nos negócios desde a introdução do processamento de dados em 1960... termos como *information superhighway*' e 'e-commerce' serão insuficientes para descrever sobre o que estamos nos referindo".

Se a recomendação de Gerstner, feita no início dos anos 2000, fosse ouvida pela organização, a IBM poderia ser uma das três maiores empresas do mercado de *cloud computing* do mundo que, segundo estudo da IDC, movimentou em 2018 um volume de 117 bilhões de dólares com um crescimento de cerca de 30% em relação ao ano anterior.

O que aconteceu, porém, foi exatamente o contrário. Essa recomendação foi solenemente ignorada por seu sucessor, que optou por recuperar o padrão de empresa autocentrada orientada à manutenção do *status quo* e investiu em soluções customizadas, *expertise* tradicional da empresa, em vez de optar por navegar por novos mares representados por soluções como a computação em nuvem, cujo modelo de negócios é muito distinto da vocação original da companhia.

A visão de Palmisano a esse respeito está clara em uma de suas declarações, realizada para os líderes da companhia em 2010, em que reforçava a orientação estratégica da organização em soluções empresariais robustas, comentando que os clientes não estão em busca de modismos ou tendências, e sim de retornos quantificáveis sobre seus investimentos. No final da declaração, Palmisano sentencia: "Não podemos fazer o que estamos fazendo na nuvem".

Paradoxalmente, quatro anos após essa declaração, a Amazon lança sua unidade Amazon Web Services (AWS), destinada a oferecer serviços de computação e armazenamento em nuvem, que tem sido uma das principais responsáveis pela evolução da companhia nos últimos anos, sendo sua principal geradora de caixa. Em paralelo, a IBM não só menosprezou a tendência como também se comprometeu com uma estratégia que demandou investimentos pesados em infraestrutura.

A despeito de ter mudado seu discurso nos anos recentes afirmando publicamente seu compromisso e interesse pela computação em nuvem, a aquisição da Red Hat foi uma admissão de que os esforços da companhia nessa direção foram malsucedidos e sua orientação estratégica, fruto da consolidação de uma cultura muito orientada para dentro, levou a empresa a uma situação desfavorável.

Quando assumiu o desafio de recuperar a IBM, Gerstner sabia quão complexo seria essa jornada. Considerou que teve sorte com a chegada e a popularização da internet, fenômeno que facilitou a guinada da empresa para a visão de serviços, além de surfar a onda da evolução da adoção tecnológica de forma massificada em todas as corporações da época. A despeito dessa visão casuística do líder, está claro que sua opção pela transformação da cultura da organização, integrada à guinada estratégica, preparou a empresa para aproveitar essa oportunidade e foi o que aconteceu de fato.

Essa referência mostra como os vetores em prol da estabilização e do retorno às condições originais do negócio nunca deixarão de agir. Utilizando uma figura de linguagem popular, o processo de transformação cultural é como "enxugar gelo", nunca acaba. Trata-se de uma estratégia contínua e frequente que deve ser preservada e planejada com comprometimento e diligência constantes.

Mais uma vez evidencia-se a relevância do engajamento com uma cultura de aprendizado que contribuirá para que a organização mantenha seu estado de abertura para novos ensinamentos e não se acomode nunca com a manutenção de sua estabilidade. Essa lógica obedece à própria dinâmica dos mercados que estão em movimento contínuo. Ora, se o ambiente está em evolução constante, é necessário que a organização e seu sistema de crenças estejam alinhados a essa perspectiva e acompanhem esse movimento. Do contrário, o processo não só corre o risco de ficar estagnado, mas também, como no exemplo que estudamos, volta alguns passos atrás.

A interrupção do processo de transformação é ainda mais arriscada que sua etapa de transição. Note o caso da IBM. A despeito de importante movimento estratégico com a aquisição da Red Hat e os esforços orientados à evolução do Watson, em que tem ancorado boa parte de seus esforços promocionais e mercadológicos, se não houver uma reflexão profunda e corajosa acerca de sua atual cultura empresarial, todos esses investimentos podem ser inócuos. A energia para realizar novamente esse projeto será maior ainda que a envidada por Gerstner, pois algumas crenças e valores estimulados e incentivados previamente já foram desacreditados e abandonados. É necessário reconstruir essa ponte e não basta apenas investir em artefatos como os populares escritórios moderninhos ou mudar o código de vestimenta da companhia. É imperativo aprofundar essa reflexão.

Atualmente, a companhia encontra-se em posição muito similar quando realizou seu primeiro movimento de recuperação em 1993: é necessária uma revisão em sua cultura corporativa. A atual CEO, Ginni Rometty, que substituiu Sam Palmisano no início de 2012, já assumiu publicamente esse desafio que está em sua pauta prioritária. É evidente que uma organização mítica, composta de colaboradores muito qualificados e comprometidos, tem todas as condições de realizar mais esse *turnaround* – como tem acontecido com a rival Microsoft. Se ela vai conseguir transformar-se novamente com sucesso, isso é uma questão que só o tempo vai responder.

O processo de transformação cultural nunca acaba

Resgatando a visão que Satya Nadella já enunciado no fim do capítulo anterior quando o CEO da Microsoft comenta em sua obra que, pelo fato de a mudança cultural na empresa ser sua principal prioridade, as pessoas, com frequência, lhe questionam sobre como todo projeto está evoluindo. Com sua serenidade peculiar, o líder responde: "Estamos fazendo grandes progressos, mas nunca vamos terminar".

Essa é a visão mais relevante a ser considerada por qualquer organização ou líder: a partir de agora, as questões relacionadas à cultura organizacional e sua adequação ao ambiente entraram definitivamente na lista prioritária de suas agendas.

Não há mais alternativas. Como demonstramos em nosso *framework* estratégico, se a cultura da organização não estiver totalmente alinhada ao ambiente externo, ela estará correndo sérios riscos. O caminho pode ser seu desaparecimento ou ainda o temido caminho da irrelevância.

O caso da IBM reforça, ainda, a importância dos líderes da organização nesse processo evolutivo. Uma alteração na liderança principal da companhia fez com que todo o projeto que levou cerca de dez anos sofresse um revés. Essa dinâmica é mais uma demonstração cabal sobre a responsabilidade que esse agente tem na condução da empresa para um novo patamar, tendo a abertura para confrontar as próprias crenças, certezas e convicções.

A abertura ao aprendizado não é apenas um traço marcante da cultura que sentenciamos para essa nova era. É uma mentalidade que deve ser nutrida por cada indivíduo que lhe permitirá a constante aceitação do novo e a inquietude por testar novos caminhos. Como vimos, não podemos, de modo algum, subestimar os desafios que vão se apresentar nesse processo de transformação e o encantamento que a entropia desperta em cada agente corporativo.

Ao optar por essa jornada, o indivíduo deve se portar assim como Ulisses, na lendária obra de Homero, *Odisseia*, e, metaforicamente, se amarrar aos mastros do barco para não ser seduzido pelo canto das sereias que buscarão sempre interromper essa jornada em nome da manutenção da – pretensa – estabilidade.

Para continuar na mesma metáfora, ao desistir dessa jornada, os resultados, como já sabemos, não serão tão distintos quanto um possível naufrágio de todo projeto.

QUESTÕES ESTRATÉGICAS PARA REFLEXÃO

1. Quais foram suas principais lições no caso da IBM apresentado neste capítulo?

2. Por quais motivos você julga que é tão difícil manter um processo de transformação evoluindo sem correr o risco de que ele regrida?

3. Quais estratégias práticas você adotaria para que o risco de paralisação ou regressão de um projeto de transformação cultural se consolidasse e prejudicasse sua evolução?

4. Você conhece outros casos em que o processo foi interrompido? O que aconteceu para que essa dinâmica fosse mais forte que a manutenção do projeto?

5. Em sua opinião, como é possível manter sempre a chama acesa e a diligência e o comprometimento ativos para que a reflexão sobre o alinhamento da cultura da organização com o ambiente nunca cesse? Quais atividades práticas podem ser dadas nessa direção?

Conclusão

A JORNADA PARA UMA NOVA CAMINHADA

É possível transformar a cultura organizacional de uma empresa. Não se trata de uma escolha fácil, uma vez que essa mudança não será trivial, muito menos simples ou rotineira. Ela envolve uma intervenção direta no sistema de crenças, valores e comportamentos da organização.

Um dos maiores desafios de todo esse contexto é que, como observamos, o tempo é uma variável indispensável para o sucesso dessa jornada. A mudança cultural é lenta e gradual.

A questão que nos inquieta: temos tempo disponível para essa mudança lenta e gradual? Com a velocidade das transformações, em que irrompem novas organizações com novas soluções e possibilidades diariamente, o tempo não é um luxo disponível a qualquer um.

Aparentemente estamos diante de um dilema. É necessário que seja encampada uma nova jornada complexa, desafiante, lenta, porém corremos o risco de alcançar o ponto de chegada sem fôlego.

Lembre-se de que estamos diante de uma maratona, e não de uma corrida de 100 metros.

Por mais dura que seja essa realidade, a verdade é que as organizações e seus líderes estão diante de uma armadilha.

Não há opções.

É partir para a transformação de uma cultura organizacional mais adaptada à nova sociedade ou abdicar de sua visão de futuro.

O futuro das organizações depende de decisões tomadas no presente. A transformação cultural é a principal decisão que um líder pode ter hoje para garantir seu amanhã.

Bem-vindo à gestão do amanhã!

> é partir para a transformação de uma cultura organizacional mais adaptada à nova sociedade ou abdicar de sua visão de futuro.

A JORNADA PARA UMA NOVA CAMINHADA | 219

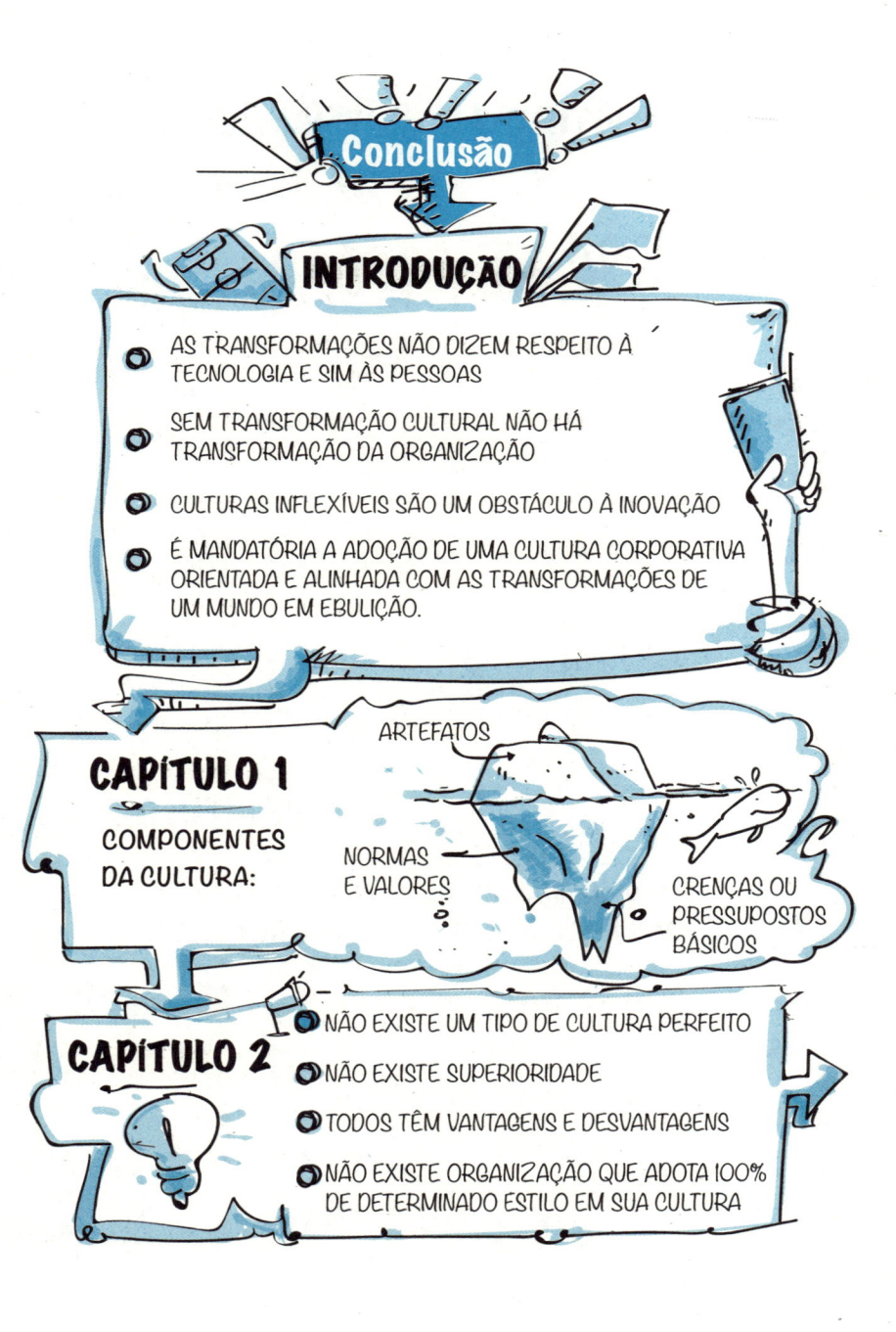

Conclusão

INTRODUÇÃO

- AS TRANSFORMAÇÕES NÃO DIZEM RESPEITO À TECNOLOGIA E SIM ÀS PESSOAS
- SEM TRANSFORMAÇÃO CULTURAL NÃO HÁ TRANSFORMAÇÃO DA ORGANIZAÇÃO
- CULTURAS INFLEXÍVEIS SÃO UM OBSTÁCULO À INOVAÇÃO
- É MANDATÓRIA A ADOÇÃO DE UMA CULTURA CORPORATIVA ORIENTADA E ALINHADA COM AS TRANSFORMAÇÕES DE UM MUNDO EM EBULIÇÃO.

CAPÍTULO 1

COMPONENTES DA CULTURA:
- ARTEFATOS
- NORMAS E VALORES
- CRENÇAS OU PRESSUPOSTOS BÁSICOS

CAPÍTULO 2

- NÃO EXISTE UM TIPO DE CULTURA PERFEITO
- NÃO EXISTE SUPERIORIDADE
- TODOS TÊM VANTAGENS E DESVANTAGENS
- NÃO EXISTE ORGANIZAÇÃO QUE ADOTA 100% DE DETERMINADO ESTILO EM SUA CULTURA

CAPÍTULO 3

PROPÓSITO

CULTURA DE APRENDIZADO • CLIENTE • CULTURA DE RESULTADO

CAPÍTULO 4

PASSOS PARA A MUDANÇA CULTURAL:

- RECONHECER O STATUS ATUAL
- ALINHAR A ESTRUTURA COM A CULTURA ALMEJADA
- PRESERVAR A ESSÊNCIA DA ORGANIZAÇÃO
- ALINHAR ARTEFATOS, NORMAS E VALORES À NOVA CULTURA
- DERRUBAR OS SILOS
- REVISAR PROCESSOS
- ADOTAR TECNOLOGIAS ÁGEIS

CAPÍTULO 5

OS PRINCIPAIS ELEMENTOS DA JORNADA DE IMPLANTAÇÃO E TRANSFORMAÇÃO CULTURAL.

- A TRANSIÇÃO DAS CULTURAS
- A CADÊNCIA E CONSISTÊNCIA
- PESSOAS CERTAS NO LUGAR CERTO
- O AMBIENTE QUE ESTIMULE O APRENDIZADO
- O TEMPO
- OS SISTEMAS DE RECOMPENSA E RECONHECIMENTO
- A COMUNICAÇÃO

CAPÍTULO 6

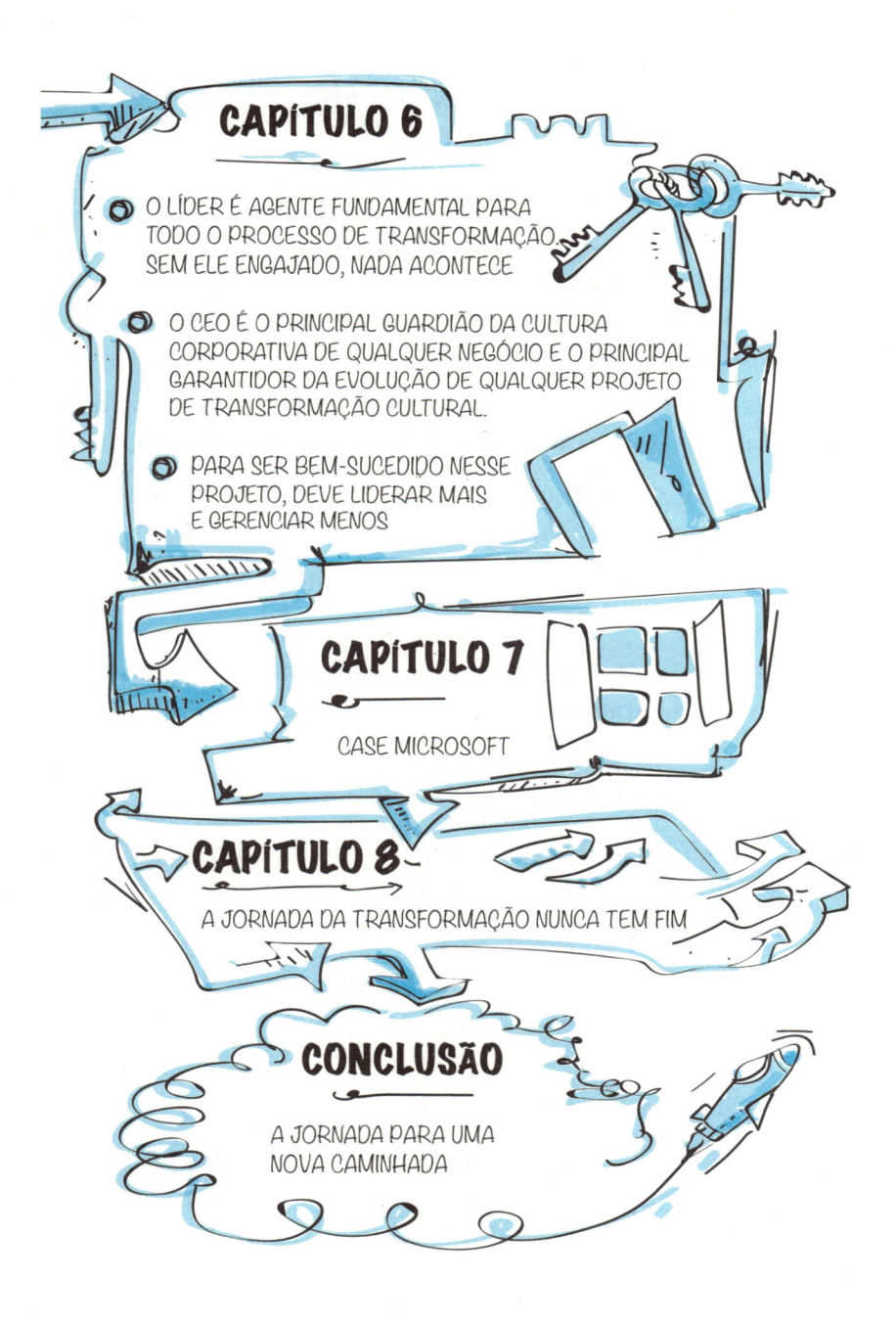

- O LÍDER É AGENTE FUNDAMENTAL PARA TODO O PROCESSO DE TRANSFORMAÇÃO. SEM ELE ENGAJADO, NADA ACONTECE

- O CEO É O PRINCIPAL GUARDIÃO DA CULTURA CORPORATIVA DE QUALQUER NEGÓCIO E O PRINCIPAL GARANTIDOR DA EVOLUÇÃO DE QUALQUER PROJETO DE TRANSFORMAÇÃO CULTURAL.

- PARA SER BEM-SUCEDIDO NESSE PROJETO, DEVE LIDERAR MAIS E GERENCIAR MENOS

CAPÍTULO 7

CASE MICROSOFT

CAPÍTULO 8

A JORNADA DA TRANSFORMAÇÃO NUNCA TEM FIM

CONCLUSÃO

A JORNADA PARA UMA NOVA CAMINHADA

Bibliografia

BERFIELD, Susan; BOYLE, Matthew. Best Buy should be dead, but it's thriving in the age of Amazon. *Bloomberg Businessweek*, New York, 19 jul. 2018.

CHAMBERS, John; BRADY, Diane. *Connecting the dots*: Lessons for leadership in a startup world. New York: Hachette Books, 2018.

CHANG, Vivian. A mulher da cultura Netflix ataca novamente. *HSM Management*, São Paulo, ed. 119, dez. 2016.

DWECK, Carol. *Mindset*: A nova psicologia do sucesso. São Paulo: Objetiva, 2017.

GERSTNER, Louis. *Quem disse que os elefantes não dançam?*: Os bastidores da recuperação da IBM. São Paulo: Campus, 2003.

GORAN, Julian; SRINIVASAN, Ramesh. Culture for a digital age. *Mckinsey Quarterly*, Seattle, jul. 2017.

GROYSBERG, Boris; LEE, Jeremiah; CHENG, Yo-Jud. Manual da cultura corporativa para o líder. *Harvard Business Review Brasil*, São Paulo, fev. 2018.

HASTING, Reed; MCCORD, Patty. *Netflix Culture*: Freedom & responsibility. Disponível em: <https://pt.slideshare.net/reed2001/culture-1798664>. Acesso em: 16 jul. 2018.

HOMERO. *Odisseia*. São Paulo: Cutrix, 2013.

KATZENBACH, Jon; LEINWAND, Paul. *Culture eats strategy for breakfast*. 2015. Disponível em: <https://www.strategyand.pwc.com/media/file/Katzenbach-Center_Webinar_Culture-Eats-Strategy-for-Breakfast.pdf>. Acesso em: 16 jul. 2018.

KIDDER, Tracy. *The soul of a new machine*. Boston: Little, Brown and Company, 1981.

MAGALDI, Sandro; SALIBI NETO, José. *Gestão do amanhã*: tudo o que você precisa saber sobre gestão, inovação e liderança para vencer na 4ª revolução industrial. São Paulo: Gente, 2018.

_____. *Movidos por ideias*: insights para empresas e careiras duradouras. São Paulo: Campus Elsevier, 2010.

_____. *O que as escolas de negócios não ensinam*: insights sobre o mundo real de gladiadores da gestão. Rio de Janeiro: Alta Books, 2019.

MCCORD, Patty. *Powerful*: building a culture of freedom and responsibility. San Francisco: Silicon Guild, 2018.

NADELLA, Satya; SHAW, Greg; NICHOLS, Jill T. *Hit refresh*: The quest to rediscover Microsoft's soul and imagine a better future for everyone. New York: Harper Business, 2017.

RIES, Eric. *Startup enxuta*: Como os empreendedores atuais utilizam a inovação contínua para criar empresas extremamente bem-sucedidas. São Paulo: Leya, 2011.

SCHEIN, Edgar. *Cultura organizacional e liderança*. São Paulo: Atlas, 2009.

STONE, Madeline. Here are the 14 rules behind Amazon's brutal workplace. *Business Insider*, New York, 15 ago. 2015.

TANURE, Betânica. Cultura é a manifestação prática dos valores da empresa. *Exame*, São Paulo, 31 ago. 2016.

TEIXEIRA Jr., Sérgio. Como a Microsoft foi de desacreditada a empresa mais valiosa do mundo. *Exame*, São Paulo, 6 mar. 2019.

Este livro foi impresso pela gráfica
Bartira em papel pólen bold 70g/m² em
maio de 2025.